KB061264

AI시대 대학교육의 미래

NANAM
나남출판

AI시대 대학교육의 미래

2024년 4월 19일 발행
2024년 4월 19일 1쇄

지은이   염재호 · 이광형 · 박명규 · 장병탁 · 박섭형 · 조영헌
기획   한림대학교 도헌학술원 R&D 기획단
발행자   조완희
발행처   나남출판사
주소   10881 경기도 파주시 회동길 193, 4층(문발동)
전화   (031) 955-4601 (代)
FAX   (031) 955-4555
등록   제 406-2020-000055호 (2020.5.15)
홈페이지   http://www.nanam.net
전자우편   post@nanam.net

ISBN 979-11-92275-18-5
ISBN 979-11-971279-3-9(세트)

한림대
도헌학술총서
01

AI시대 대학교육의 미래

염재호 · 이광형 · 박명규 · 장병탁 · 박섭형 · 조영헌 지음

NANAM
나남출판

The Future of University Education in the Age of AI

by

Yeom Jae-Ho, Lee Kwang-Hyung, Park Myoung-Kyu,
Zhang Byoung-Tak, Park Seop-Hyeong, Cho Young-Hun

NANAM

서문

인류 문명은 어디까지 진보할까? 최근 미국항공우주국 NASA 은 달과 화성에 자원탐사선을 보냈다. 민간 우주기업가 일론 머스크 Elon Musk 도 탐사선을 쏘아 올렸다. 명칭이 자원탐사선이다. 인류가 달에 착륙한 때가 1968년, 달 표면에 발을 디뎠다는 것만으로 지구인은 환호했다. 그런데 이제 달과 화성은 지구의 대안이자 미래 거주지로 떠올랐다. 인식이 바뀌었다. 바뀌었다기보다 뒤집어졌다.

우리가 목도하고 있는 21세기 문명대변혁은 20세기 문명이 가져온 충격과는 전혀 다른 차원에서 진행되고 있다. 20세기 문명이 생활의 편익과 번영을 위한 것이라면, 21세기 문명대변혁은 인류의 생존 양식 자체를 변경하는 것, 즉 본질의 변혁이다.

새로운 문명은 편익과 번영을 넘어서서 인류와 기계의 공존, 공생을 향하고 있다.

기계라는 말 자체도 20세기 개념이라서 우리가 만드는 것, 우리가 조종할 수 있는 대상이라고 가정하기 쉬운데 기계를 AI로 교체하면 사정은 달라진다. 영화 〈I, Robot〉이 보여주듯이 나(인류)와 기계(AI 로봇)의 공존과 감성 교환이 일상화되는 세계로 진입했다는 뜻이다. 기계는 대상이었다. 21세기 문명에서 기계는 또 다른 나, 감성을 공유한 나, 너를 대체한 새로운 너이다. 말하자면 AI 로봇은 인류와 공생하는 새로운 종種인데, 혹시 AI 로봇이 나를 대체할까 두려움과 공포심이 드는 것이 요즘의 풍경이다.

공포심의 확산에 제일 먼저 반응하는 곳이 대학이다. 19세기 후반기 대학은 학문의 분화와 전문화로 급속한 문명 발전에 대응했다. 융합된 사고를 잘게 쪼개 각 분야를 깊이 파고 들어가는 전문가를 양산했다. 학과가 생겨났다. 칼 마르크스와 막스 베버로 대표되는 정치경제학은 정치학과 경제학으로 분리되고, 그것은 다시 각자의 분과에 20~30여 개의 미세 전공을 낳았다. 총 40여 권에 달하는 막스 베버의 저작에 뭉쳐 있는 학문적 시선과 조망이 사회학, 역사학, 종교학, 인류학, 문명학, 정치학 등으로 세분화된 경로를 따라 20세기 학문은 문명 분석의 개가를 올렸다. 과학기술계에서도 이런 세분화 추세는 더 빠르게 진전되었다. 20세기에 수백 개의 학문분과가 융성했고 수백 유형의 전문가 그룹을 양산했다. 직업분화도, 계층분화도, 사회적 규범과 규칙도 이런 분화선을 따라 형성되고 관리되었다.

그러나 우리가 목도하고 있는 것은 20세기적 제도와 규범이 21세기 과학기술의 충격파를 수용하지 못하는 '문화 지체 cultural lag'의 문제이다. 문화 지체라는 20세기적 개념이 담아낼 수 없는 엄청난 변혁 쓰나미가 이미 몰려왔고 우리 생존 영역 인근에 대기 중이다. 비유하자면, 20세기 문명의 이점을 한껏 누리며 번영을 구가해 온 인류 촌락村落에 첨단 무기로 무장한 대군大軍이 진격해 오고 있다. 아니, 벌써 공격이 시작되었다. 첨단 무기는 화성인이 아니라 그 촌락의 거주민이 만들어 낸 것이다. 역설적이지만, 인류의 운명이겠다.

《AI시대 대학교육의 미래》를 도헌학술총서의 선두로 발간하는 가장 큰 이유가 이것이다. AI는 대학교육, 연구, 학문분과, 전공 분화 등 20세기적 대학구조의 일대 혁신을 명령한다. 19세기 후반기에 대학의 일대 변혁이 일어났듯이, 지금은 '재구조화 restructuring'가 아니라 '다시 섞기 reshuffling', '재탄생 rebirth'이어야 한다. 원적nativity을 지우고 새로 만들어야 한다는 말이다. 대학의 원적을 지운다? 어떻게? 이 질문이 전 세계 대학이 마주친 공통 쟁점이자 교육으로 선진국을 이룬 한국에 가장 절박한 도전이기도 하다.

한국을 대표하는 두 분의 대학 총장이 동굴 속에 탐조등을 밝혔다. 염재호 총장과 이광형 총장의 주옥같은 글이 이정표를 세웠고, AI시대 첨단과학 분야 최고 전문가인 장병탁 교수와 박섭형 교수는 동굴 속 미로를 파고들어 정밀한 관찰과 분석을 촬영하듯 보여 주었다. 대표적인 인문사회학자인 박명규 교수, 조영헌 교수는 인간의 관점에 발을 굳건히 딛고 과학기술의 쓰나미로부터 대학의 인간학적, 인문학적 본령을 지켜내는 지혜를 짜내 주었다. 쓰나미의 인간학적 관리 지성을 찾아내고 배양하는 것은 어떤 문명변혁에도 불구하고 변치 않는 대학의 사명이다. 필자 여러분께 감사의 말씀을 드린다. 이제 독자들이 이정표를 따라 동굴로 진입할 차례이다.

한림대학교 도헌학술원장
송호근 배상

차례

1장

디지털 문명시대의
고등교육 패러다임 대전환

염재호

1. 들어가며

운주 정범모 선생은 《창의력과 공의식: 선진국의 요건》이라는
말년의 저서를 통해 우리나라가 경제적으로 선진화되었지만 사
회적으로는 선진화가 되지 못하는 현실에 안타까운 마음을 토로
했다. 그리고 사회적 선진화가 되기 위해서는 교육을 통한 선진
화가 무엇보다 중요하다고 주장했다.

　정범모 선생은 교육을 통한 선진화에는 두 가지 조건이 필요
하다고 했다. 하나는 개인적 역량으로 '창의력'을 높이는 것이고,
다른 하나는 사회적 역량으로 '공의식' 함양이 필요하다는 것이
다. 교육의 궁극적인 목표를 볼 때 개인적으로는 자기 나름의 독

특한 발상을 할 수 있는 창의력을 길러주어야 하고, 사회적으로
는 더불어 사는 사회에서 공동체의 질서를 지키며 사회 전체의
번영을 추구하는 공의식을 길러주어야 한다는 것이다.

하지만 오늘의 교육은 창의력과 공의식을 함양하는 교육과는
거리가 멀다. 창의력의 관점에서 볼 때 우리의 교육은 아직도 20
세기의 틀에 갇혀 있어서 세분화된 형식지explicit knowledge 를 단
순 암기 방식으로 내재화하는 데 초점이 맞추어져 있다. 또한 공
의식의 관점에서 보면 다른 사람을 배려하고 주위를 돌아보고
배려하는 삶보다는 극도의 경쟁체제에서 개인이 이익을 극대화
하기 위한 교육으로 전락하고 있다. 따라서 문제해결을 위한 개
인의 창의적 능력과 사회 공동 이익을 위한 공의식 두 가지가 모
두 부족하여 선진사회로 나아가는 데 많은 한계를 보여준다.

21세기에 접어들며 우리는 인류 문명사의 대전환기를 맞이하
고 있다. 디지털 혁명에 의해 기존 인류 문명의 특성이 빠르게 해
체되고 인간의 능력이 기존과는 전혀 다른 형태로 진화하여 새
로운 인류 문명을 맞이하고 있는 것이다. 모든 사회 질서와 생산
은 디지털화되고, 정보통신의 발전으로 데이터의 유통, 확산, 저
장, 가공, 상호작용 등이 획기적으로 변화하여 인류의 삶이 근본
적으로 바뀌는 시대가 되었다. 인공지능이 가미된 인류의 지능
은 급속히 확대 재생산되고 기하급수적으로 발전하여 기존에는

상상하지 못하던 많은 현상들이 나타나게 되었다. 인류가 불가능한 영역이라고 생각했던 일들이 현실화되기 시작한 것이다. 비근한 예로 최근 챗GPT의 등장은 인간의 지적활동 영역을 무한대로 확대시키고 있다. 인공지능의 활용은 이미 세상을 떠난 사람들이 자신의 목소리로 대화를 하거나 노래를 부르는 가상현실을 가능하게 만들고 있다. 이처럼 인공지능을 효과적으로 활용하게 되면 단순히 흥미 위주의 놀라움을 선사해줄 뿐 아니라 기존의 업무, 조직, 삶의 형태도 20세기와는 전혀 다른 모습으로 나타나게 될 것이다. 그동안 인류 문명을 뒷받침해온 교육도 예외는 아니다.

따라서 이러한 문명사적 대전환기에 교육은 어떻게 변화하고 또 고등교육이 어떤 방향으로 달라질지에 대해 치밀한 분석과 대응방안을 모색해보아야 한다. 체계화된 지식을 일방적으로 전달하던 교육의 틀에서 새로운 지식을 만들어내는 창의적인 능력을 키우는 교육의 틀로 대전환이 요구되는 시점을 맞이하고 있다. 교육의 내용, 방식, 평가 등 모든 측면에서 교육의 틀이 새롭게 정비되어야 할 때가 찾아온 것이다.

2. 교육을 변화시켜야 할 시점

21세기 교육, 특히 고등교육의 근본적인 틀이 바뀌어야 하는 이유는 다음과 같다. 먼저 인류가 지능을 갖고 사회적 진화를 하는 과정에서 디지털 변환과 컴퓨터 및 통신의 획기적 발전으로 인해서 인류 문명사가 완전히 새로운 양상으로 전개되고 있다는 것이다. 인류는 수만 년간 꾸준히 지능을 발전시켜 인류 문명의 진화를 이루어왔다. 이러한 사회적 진화는 교육을 통해 이뤄졌다. 인류는 소규모 집단을 이루어 유목 생활을 하다가 부족 사회를 만들어 농경 사회로 발전했다. 이후 과학적 지식을 바탕으로 사회를 재구조화하여 산업화 사회를 이루었다. 지식의 축적과 유통도 15세기 인쇄술의 발전으로 획기적으로 변화하고 급속한 확산이 가능해졌다. 이러한 새로운 형태의 지식확산 패러다임을 통해 과학과 기술의 발전이 이루어졌고 인류의 생활은 급속히 윤택해졌다.

  인쇄술의 등장은 마틴 루터 Martin Luther 의 종교개혁을 가능하게 했다. 루터가 성경을 라틴어에서 독일어로 번역하면서 성직자들만 알고 있던 성경 지식을 일반 시민들도 알게 되었다. 성직자를 통해서만 하나님의 존재를 이해하던 일반 신도들은 성경을 읽게 되면서 성직자들이 자신들의 관점에서 신도들을 규율하기 위해

16

제한된 성경 내용만 전달한 것을 깨닫게 되었다. 이러한 사회적 변화는 종교개혁으로 이어져 가톨릭 절대권위의 지배시스템이 붕괴되는 결과를 초래했다.

종교개혁의 영향으로 하나님이 인간 삶의 중심이었던 유럽의 문명이 인간의 재발견이라는 르네상스 문명을 맞이하게 되었다. 더 나아가 왕권중심의 지배 시스템에서 개인의 자유와 시민의 권리가 신장되는 인식의 대전환이 일어났고 이는 프랑스혁명과 미국 독립혁명을 거치며 시민권의 확산으로 이어졌다. 이런 사상사적 변화 속에서 과학이 발전하고 산업혁명으로 인류의 삶에 기계화가 도입되는 혁명적 변화를 맞았다. 20세기에 들어서면서 과학적 관리법에 의한 대량생산 시스템이 등장했고 생산과정에서 분업과 전문화를 활용하여 대량생산과 대량소비가 가능하게 되었다.

20세기 문명이 다시 한번 비약적 발전을 하게 되는 계기는 1970년대부터 보편화되기 시작한 컴퓨터와 정보통신의 발전이다. 인터넷이 등장하고 휴대폰이 삶에서 중요한 자리를 차지하게 되고, 모든 정보가 디지털화되면서 인류의 문명은 새로운 시대를 맞았다. 지식과 정보의 축적이 용이해지고 이를 가공하고 확산하는 비용이 거의 제로에 가깝게 되면서 인류 지성은 새로운 전기를 맞게 된다. 이런 변화로 인해 그동안 꾸준히 그리고 서서히 진화해온 인류 지성은 21세기 중반이 되면 기하급수적인 지식의 축적으로 인해 특이점을 맞아 전혀 새로운 인류 문명을 맞이하게 된다는 것이다.

레이 커즈와일 Ray Kurzweil 은 《특이점이 온다 *Singularity is Near* 》라는 책을 통해 지식 데이터의 축적과 인공지능 AI: Artificial Intelligence 의 비약적인 발전으로 2045년 정도가 되면 인류는 특이점을 만나게 되고 그 이후 인류 문명은 상상할 수 없을 정도로 기하급수적인 발전을 하게 된다고 주장한다. 인간의 몸에 약 50% 이상 IT기기가 내재화되어 초인적인 지적 능력을 가진 인류가 탄생한다는 것이다.

2022년 11월 등장한 생성형 인공지능 챗GPT-3.5와 5개월 후 업그레이드된 챗GPT-4의 차이에서 드러나는 비약적 발전 속도를 보아도 21세기 중반이 되면 상상하지 못한 인류 문명이 등장한다는 주장을 그리 터무니없는 예견으로만 볼 수는 없다. 심지어 그렇게 되면 7만 년 전 네안데르탈인과 현재 인류의 지적 능력 차이보다 현재 인류와 2045년 인류의 지적 능력 차이가 더 크게 나타날 것이라고 한다.

《사피엔스 *Sapiens* 》로 베스트셀러 작가가 된 히브리대의 문명사가 文明史家 유발 하라리 Yuval Harari 교수도 《호모 데우스 *Homo Deus* 》라는 책에서 2050년 무렵이 되면 인간은 거의 신과 같은 존재가 될 것으로 보며 공감을 나타내고 있다. 디지털 데이터와 정보통신의 발전으로 인공지능의 발전이 고도화되면서 인간은 신처럼 데이터나 로봇 등을 창조하고 이를 통해 노동을 시키면서 전혀 새로운 형태의 삶을 살 수 있게 될 것이다.

이제 인간의 지성을 뒷받침해주던 지식은 새로운 국면을 맞게 되었다. 20세기에는 대량생산 시스템으로 산업구조가 발전하면서 아주 잘게 쪼개지고 세분화된 전문지식을 갖는 것이 필요했다. 생산 과정을 세분화하고 각각의 전문성을 모아 대량생산을 가능하게 만들었기 때문이다. 그렇기 때문에 지식은 분화되고 전문화되고 객관적인 표준화의 형식으로 발전했다. 대학에서도 세분화된 전공을 체계화된 형식지로 만들어 대형강의 형태로 많은 학생들에게 효과적으로 지식을 전달했다. 그래서 대학에서 전공이 중요해졌고, 사회적 수요가 많은 인기 있는 전공에 학생들이 쏠리는 현상이 나타났다. 전공중심의 고등교육을 통해 많은 전문가specialist 들이 배출되었고 이런 전공 지식은 대량생산 시스템에 효과적인 노동을 제공했다.

하지만 이러한 객관적이고 표준화된 지식의 전달은 21세기에 들어서 한계를 보이게 되었다. 표준화된 형식지는 인터넷이나 컴퓨터를 통해 손쉽게 구할 수 있게 되었고 더 이상 전문가들의 전유물로 남지 않는 보편화된 지식이 되었다. 그리고 이런 형식지는 매일 변화하고 바뀌게 된다. 새로 발견된 지식도 그리 오래 지속되지 않아서 지식에도 유통기한이 있다는 주장까지 나왔다.

하버드 대학의 서지학자 새뮤얼 아브스만Samuel Arbesman 박사는 《지식의 반감기 The Half-Life of Facts: Why Everything We Know Has an Expiration Date 》라는 책을 통해서 전공지식은 일정한 유통기한을 갖고 있다고 주장한다. 도서관에서 신간 서적이 더 이상 대출되지 않고 읽히지 않는 기간을 분석해보니 평균적으로 물리학은 13.07년, 경제학은 9.38년, 수학은 9.17년, 심리학은 7.15년, 역사학은 7.13년이 지나면 효용이 떨어진다고 한다. 이 정도의 시간이 경과되면 새로운 지식의 유효성은 반감된다는 주장이다.

또 다른 예로 의학의 경우를 들 수 있다. 의대생들이 예과를 지나 본과에 진입하게 될 때 외워야 하는 의학지식은 상상을 초월할 정도로 방대한 양이다. 하지만 이런 객관적인 형식지에 대한 암기 위주의 교육은 한계에 이르렀다. 클리블랜드 클리닉의 심장병 내과의사로 유명한 에릭 토폴Eric Topol 교수는 그의 저서 《청진기가 사라진다》와 《청진기가 사라진 이후》를 통해 디지털 혁명이 의학계의 창조적 파괴를 이루어 인류의 건강을 증진시키는 데 획기적인 변화가 나타날 것으로 예견하고 있다.

특히 그의 두 번째 저서 《청진기가 사라진 이후》의 원서 제목은 The Patient Will See You Now로서 이제는 많은 디지털 정보 확인을 통해 환자들이 의사들의 진단 능력을 평가하는 시대가 되었음을 표현한 것이다. 의학 백과사전 및 다양한 채널을 통해 의학 정보에 접근할 수 있어서 환자가 의사 못지않게 객관적인 정보를 확보할 수 있게 되었다는 것이다. 이제 의사는 환자의 지식과 정보 수준을 뛰어넘는 고도의 전문적인 암묵지 tacit knowledge 와 판단능력을 갖고 진찰을 해야지 단순한 형식지에만 의존해서 진찰을 할 때에는 환자가 이를 지켜보고 의사를 평가하게 된다는 것이다.

이처럼 형식지가 급격하게 변화하는 21세기에 접어들게 되자 세분화된 전공지식을 대량으로 전달하는 대학교육의 유효성은 급속하게 떨어지게 되었다. 무크 MOOC, 코세라 Coursera, 유데미 Udemy 등과 같이 보편화된 형식지의 강의를 온라인으로 제공하는 새로운 지식 전달 체계가 등장하면서 대학에서 강의를 통해 지식 전수만을 하는 기능은 한계에 달하게 된다.

따라서 경영학 대가 피터 드러커 Peter Drucker 는 1997년 〈포브스 Forbes〉 인터뷰에서 30년 후 대학 캠퍼스는 역사적 유물이 될 것이고 현재의 대학은 살아남지 못한다고 경고했다. 칼럼니스트 토머스 프레이 Thomas Frey 도 2030년이 되면 세계 대학의 절반이 사라질 것이라고 예견했다. 이는 우리나라 대학의 위기를 넘어 전 세계의 보편적인 현상으로 볼 수 있다.

3. 디지털 혁명과 비대면 원격교육

인류가 코로나 사태로 3년여 간 대면 접촉을 피하고 비대면 일상을 보내면서 가장 큰 영향을 받은 분야로 교육을 들 수 있다. 원격 온라인 교육을 어쩔 수 없이 수행하는 과정에서 새로운 형태의 교육방식이 널리 확산된 것이다. 캠퍼스에 모여서 교수의 강의를 받는 방식에서 '줌ᶻᵒᵒᵐ'과 같은 온라인 커뮤니케이션 방식으로 강의가 이루어지게 되었다. 이 과정에서 수업시간에 문자로 주고받는 채팅을 통해 대면강의보다 더 활발하게 질문과 토론이 이루어졌다는 평가도 있다. 기존 강의실 교육과는 다른 교육을 경험하게 된 것이다. 새로운 지식 전달 방식의 효과성에 눈뜨게 되었고 단순한 지식 전달은 강의실보다 온라인 강의가 더 효과적일 수도 있다는 경험을 하게 만들었다.

온라인 강의는 강의실의 물리적 한계를 뛰어넘게 한다. 학생들이 강의실 규모에 제한 없이 수업에 참여할 수 있고, 녹화된 교수의 강의는 반복하여 청취할 수 있어서 무한한 지식 전달의 확대재생산이 가능하다. 이런 경험을 통해 코로나 사태 이후 미국 대학들은 수업을 온라인 강의로 전환하기 위해 분주하다.

하버드대는 2022년 발간한 교육과 학습의 미래에 대한 태스크포스 보고서에서 앞으로 교실 환경을 바꾸고 온라인 교육을 강화하겠다고 했다. 더 나아가 하버드 캠퍼스 내의 교육에 국한하지 않고 하버드의 교육대상을 전 세계로 확대하겠다는 비전을 밝히고 있다. 이미 코넬대 등 많은 미국 대학들이 온라인 석사과정을 운영하고 있고, 미국에서 가장 혁신적인 대학으로 꼽히는 애리조나주립대는 전 세계를 대상으로 온라인 강의를 확대한 결과 재학생 수를 17만 명까지 증가시켰다.

도쿄대 요시미 순야吉見俊哉 교수는 《대학이란 무엇인가》라는 책에서 이러한 변화를 지식을 전달하는 미디어의 변화 때문에 나타나는 결과로 설명하고 있다. 1088년 세계 최초의 대학이라고 하는 이탈리아 볼로냐대가 출범했다. 이후 대학은 지식 전수의 유일한 전당으로 자리 잡았다. 하지만 15세기 인쇄술이라는 미디어 혁명으로 지식을 담은 책의 출간이 가능하게 되면서 대학의 기능은 도전을 받게 되었다. 서적의 출간은 지식 전달의 미디어를 바꾸어놓았다. 백과전서파百科全書派 등을 통해 지식의 보편적 대량 확산이 이루어지게 되자 대학도 변화를 맞게 되었다. 이전에는 대학에서 지식인을 대면하는 것이 지식을 얻는 유일한 방식이었지만 책의 출간으로 지식을 얻을 수 있는 경로가 다양해졌기 때문이다.

이와 마찬가지로 21세기 디지털 대전환이라는 새로운 미디어 혁명의 등장으로 다양한 온라인 강의들이 제공될 수 있기 때문에 대학은 새로운 변화에 직면하게 되었다. 대학 캠퍼스에 등록하여 대면으로 강의실에서 지식을 배우는 교육방식이 획기적으로 바뀌게 되면 대학은 심각한 위기를 맞게 된다. 지식 습득만으로 볼 때 비싼 등록금을 지불하지 않고도 전문화된 형식지를 습득할 가능성이 크게 열리기 때문이다.

미국의 경우도 최근 1년간 10만 달러에 육박하는 사립대학의 등록금은 학부모나 학생들에게 심각한 부담이 되고 있다. 최근에 실시된 〈월스트리트저널〉과 시카고대의 공동조사에 따르면 미국인 56%가 4년제 대학에 진학하는 것은 좋은 투자가 아니라고 생각하고 있다. 2013년에는 40%, 2017년에는 47%가 대학 진학의 효과성에 부정적으로 평가한 것에 비해, 2023년 조사결과는 대학에 대한 신뢰가 급격히 낮아진 것을 잘 보여 준다. 이 같은 인식의 변화는 대학들이 체육관, 도서관, 강당 등 캠퍼스 건물, 스포츠 팀 운영 등에 지나친 투자를 경쟁적으로 하는 과정에서 등록금 인상이 불가피해지기 때문이라고 한다.

물론 대면으로 대학에서 생활하는 캠퍼스 문화가 하루아침에 이루어진 것은 아니다. 단순히 강의뿐 아니라 동료학생들과 선후배의 만남, 그리고 동아리모임 등 다양한 인간관계와 조직생활을 체험하는 좋은 기회이기 때문에 아직도 많은 이점이 있다. 하지만 핵개인화되고 온라인 미디어를 통해 생활이 원격으로도 모두 가능해지는 사회로 진입하면서 기존 대학의 규모나 영향력이 크게 축소되고 대학문화도 크게 변화될 것이라고 쉽게 예견할 수 있다.

4. 21세기 교육 패러다임의 변화

21세기는 디지털 혁명에 의해 20세기와는 전혀 다른 새로운 문명으로 전환되고 있다. 이제 객관적이고 세분화된 전공 지식은 대학의 전통적 지식 전수 방식보다 디지털 미디어를 통해 훨씬 효과적으로 학습될 수 있다. 또한 21세기는 단순 반복 업무를 효율적으로 수행하는 것보다는 다양하고 복잡한 문제를 풀어내는 것이 업무의 주된 과제가 된다. 단순 반복적 형식지 능력은 컴퓨터나 인공지능이 훨씬 뛰어나다.

직장에서도 개인적으로 일을 처리하기보다는 여러 명이 함께 문제를 해결해 나가는 프로젝트 방식의 일처리가 늘어나고 있다. 제조업의 생산라인에서뿐 아니라 사무 처리에서도 단순 반복적인 일은 자동화와 컴퓨터 시스템이 기존 인간의 일을 대체해 나가고 있다. 따라서 대량생산 시스템에서 개인을 중심으로 단순화된 형식지에 대한 전문성을 활용하던 것보다는 풀기 어려운 답을 집단적으로 해결하는 방식의 업무가 늘어나고 있다. 그러면 이 경우에 필요한 전문지식을 갖추기 위해서는 어떤 교육이 효과적일까?

챗GPT의 등장에서 볼 수 있듯이 교육에서도 인공지능의 활용은 비약적으로 발전하고 있다. 미국 조지아공대에서는 컴퓨터 관련 수업을 운영하는 데 IBM과 공동으로 개발한 질 왓슨Jill Watson 인공지능 교육조교 시스템을 활용한다. 학생들이 모르는 문제나 틀린 답을 수정해 주는 맞춤형 교육방식으로 질 왓슨 시스템이 교육조교처럼 대응해주는 것이다.

우리나라에서도 디지털 교과서를 채택하여 초·중·고 교육에서 개인 맞춤형 인공지능 교육을 추진하고 있다. 이처럼 형식지를 습득하는 방식으로 인공지능을 활용하는 다양한 에듀테크edu-tech 방식들이 개발되고 있다. 미래 교육은 단순히 지식을 전달하는 강의보다는 교사와 학생 간에 토론을 통해 문제해결 능력을 키우는 방식으로 빠르게 변할 것이다.

디지털 혁명으로 인한 대학교육 패러다임의 변화는 다음과 같은 것을 들 수 있다. 첫째, 기존 대형강의 방식에서 이제는 문제해결형 프로젝트 형식으로 수업 방식이 바뀌고 있다. 지식을 설명하고 전달하는 좋은 강의들은 이미 코세라나 유데미, 그리고 무크 강의 등을 통해 다양하게 접할 수 있다. 이를 사전에 미리

보고 익히고 수업에 들어와서 이런 형식지를 바탕으로 다양한 문제해결을 위한 프로젝트를 그룹별로 수행하는 것이 필요하다. 이와 같은 거꾸로 교실 flipped class 방식의 수업 진행은 학생이 직접 사전학습을 통해 형식지를 습득한 다음 토론과 같은 참여학습을 통해 지식을 내재화해서 자신만의 암묵지를 축적해 나가는 데 많은 도움을 줄 수 있다. 문제해결 능력은 개인의 형식지 능력보다는 집단적 토론과정에서 다양한 창의적인 아이디어들을 공유하는 과정에서 계발될 수 있다.

둘째, 이처럼 20세기 교육이 대량생산 시스템에 맞추어 형식지를 효과적으로 전달하기 위한 것에 초점을 맞추었다면 21세기 교육은 자신만의 창의적 지식을 창출하기 위한 암묵지 형성 능력을 배양하는 것이 필요하다. 자신만의 암묵지를 개발하기 위해서는 객관화된 형식지를 습득하는 것에 그쳐서는 안 되고 비판적·창의적 사고에 대한 훈련이 필요하다.

이를 위해서는 학습과정에서 능동적 참여학습 active learning이 이루어져야 한다. 주어진 문제를 중심으로 상호 토론과 설득, 그리고 합의를 이루어나가는 과정을 통해 자신만의 암묵지를 발전시켜 나가는 것이 필요하다. 개인의 암묵지는 비판적 사고와 창의적 사고를 활용한 이런 문제해결 과정을 통해 보다 많이 발전될 수 있다.

셋째, 문제해결형 프로젝트 수업은 대규모의 대면 수업에서는 활용하기에 한계가 있다. 보다 많은 수업조교의 도움 없이는 교수 혼자서 대면 수업을 통해 학생들의 문제해결 과정을 일일이 지도할 수 없기 때문이다. 이러한 한계를 극복하기 위해서는 온라인 수업방식이나 인공지능을 활용한 디지털 조교의 도움을 받아 학생 개개인에 대한 맞춤형 수업을 진행해야 한다. 이를 위해 교수는 비대면 온라인 수업을 통해 개별 맞춤형 학습이 가능하도록 강의 설계 syllabus design 를 사전에 하는 것이 바람직하다.

넷째, 학부 과정의 수업에서는 전공지식을 일방적으로 강의하기보다는 교양사고를 늘릴 수 있는 새로운 교과목을 설계하는 것이 바람직하다. 세분화된 전공지식은 대학원 과정에서 수업하고 학부 과정에서는 전공과 관련된 다양한 교양과목을 사전에 습득하는 것이 필요하다. 이를 통해 세분화된 전공에 대한 지적 호기심을 키워나가 대학원 과정에서 전공을 심화하는 것이 바람직하다.

20세기에는 대학원 교육이 활성화되지 않았다. 실제로 연구에 참여하여 지식을 창출할 수 있도록 심화된 전공지식을 가르치는 대학원 교육은 20세기 후반에 크게 발전했다. 대학에서 학부중심으로만 교육이 이루어졌을 때는 학부에서 전공과목을 중점적으로 가르쳤지만 전공 관련 교과목이 점점 세분화되고 심화되고 있는 21세기에는 학부에서 전공에 입문하는 과정만 거치고 대학원에서 전공을 가르치는 것이 바람직하다.

다섯째, 대학에서 수업을 진행할 때 기존에는 교수중심의 교육목표 teaching objectives 가 중요했다. 강의계획표에도 나타나 있듯 '어떤 내용을 가르칠 것인가?'라는 교육목표를 중시했다. 하지만 이제는 '학생들이 얼마나 많은 내용을 이해하고 파악하는가?'에 목표를 두어야 하기에 교육목표보다 학습목표 learning objectives 가 더 중요해진다. 학생 개인별로 맞춤형 교육이 중요하게 되면서 학생의 특성에 맞게 학습목표를 만들어 수업을 진행하는 것이 바람직하다는 것이다.

5. 문명전환기의 교육혁신

일본의 근대화는 1868년 사무라이들이 중심이 된 메이지유신 明治維新 에 의해 이루어졌다. 메이지유신은 서구열강의 개항 요구와 서구의 근대문물에 자극을 받은 사회변화의 결과로 탄생한 것이다. 이 시기에 새로운 문명을 받아들이고 창조하기 위해 선각자들이 혁신적 사회변화를 추구한 수단이 교육이었다. 초대 내각의 총리대신이 된 이토 히로부미 伊藤博文 를 비롯하여 야마가

타 아리토모 山縣有朋 총리 등 여러 명의 각료를 배출한 요시다 쇼인 吉田松陰 의 사숙 私塾 쇼카손주쿠 松下村塾 는 일본 근대화를 점화한 대표적인 교육기관이 되었다.

이후 근대문명을 받아들이며 개화된 교육을 위해 시대의 선각자들이 사립 고등교육기관을 설립하여 교육혁신을 이루고자 했다. 지금도 일본의 대표적인 사립대학인 게이오대와 와세다대가 그런 고등교육기관이다. 와세다대는 1882년 학문의 독립을 교시로 하여 오쿠마 시게노부 大隈重信 에 의해 설립되었다. 오쿠마는 이토 히로부미의 뒤를 이어 일본 총리를 역임하기도 한 일본 근대 정치가이다. 게이오대는 1858년 일본의 대표적 지성인 후쿠자와 유키치 福澤諭吉 에 의해 "펜은 칼보다 강하다"라는 교시를 바탕으로 설립되었다. 당시 네덜란드 학문을 받아들이기 위해 난학소 蘭学所 로 출범하여 근대 학문을 가르치는 대표적인 사립 고등교육기관으로 자리 잡았다. 아직도 게이오대는 정식명칭을 게이오의숙 慶應義塾 이라고 부를 정도로 근대화 초기 사숙의 이념을 유지하고 있다.

우리나라에서도 근대화 과정에서 고려대의 전신인 보성전문학교가 1905년에 개교했고 연세대의 전신인 연희전문학교가 1915년에 조선기독교학교로 출범했다. 이보다 앞서 개신교 미션스쿨로 숭실대의 전신인 평양숭실학당이 1897년 평양에서 개

교했다. 유교중심의 학문 전통에서 새로운 근대화 학문을 가르치는 고등교육기관이 개화기를 맞아 등장하게 된 것이다. 이처럼 시대의 변화에 따라 새롭게 발전한 교육기관이 등장하는 것을 볼 수 있다.

이와 마찬가지로 21세기 들어서 컴퓨터의 등장과 정보통신의 발전으로 디지털혁명이 심화되면서 20세기 대형강의식 지식 전달 유형의 대학 시스템을 혁신하기 위한 다양한 대안 고등교육기관들이 출현했다. 산업의 발전과 문명의 새로운 전개에 따라 고등교육의 미래형 모습들이 등장한 것이다. 이러한 기관에서는 전통적인 교과내용을 가르치는 것이 아니라 개인의 창의적 능력을 키워내고 문제해결 능력을 길러내는 방향으로 교육의 변화가 나타났다.

스탠퍼드대에서는 학생들의 창의적인 아이디어를 길러내기 위해 Stanford D. School을 대학원 프로그램으로 시작했다. 사실 그 아이디어는 일찍이 1958년부터 제안되었다고 하는데, 해당 프로그램에서는 디자인 사고 Design Thinking 와 과학기술의 융합을 내재화하는 교육을 실시한다. 디자인 사고를 통한 성취습관을 길러주고, 문제해결을 위한 교육방법론을 개발하여 학생들을 교육한다. 교수가 학생을 가르치기 위한 하향식 교육이 아니라 학생의 수요에 따른 상향식 교과목을 개발하고 창업 교육 프로그램을 개발하여 학생들을 훈련시킨다. 기존의 형식지를 전달하는 교육시스템이 아니라 학생들이 자발적으로 문제를 해결하는 능력을 키워주는 프로그램으로 자리매김하고 있다.

　매사추세츠공대MIT 의 미디어랩도 또 하나의 새로운 대학원 프로그램으로 성공적인 교육혁신 모델이 되었다. 미디어랩은 1985년에 설립되어, 더 나은 세상을 만들기 위한 인간중심적 기술디자인을 목표로 교육을 혁신했다. 교수를 중심으로 약 26개 연구 프로젝트 팀을 구성하여 연간 30여 개가 넘는 문제해결형 프로그램을 수행한다. 80개가 넘는 글로벌 기업들이 멤버십으로 참여하여 개별 연구팀의 프로젝트를 후원한다. 만약 연구팀의 아이디어가 기업들을 설득하지 못해 연구비를 수주하지 못하면 그 팀의 프로그램은 자동 소멸된다. 이처럼 미디어랩의 실험은 매우 현실적 문제해결형 교육시스템이라고 할 수 있다. MIT의 미디어랩은 인간중심 기술혁신이라는 측면에서 매우 성공적인 대안교육의 모델이 되었다.

　앞에서 소개한 레이 커즈와일의 특이점 개념을 활용하여 2012년에 싱귤래리티 Singularity 대학이 실리콘밸리에서 출범했다. 싱귤래리티대는 미국항공우주국NASA 와 구글이 공동출자하여 설립한 미래과학기술의 싱크탱크 think tank 로서 전 세계에 영향을 미치는 프로젝트를 발굴하여 이에 대해 연구하는 고등교육기관으로 자리매김하고 있다. 전 세계 36개 기업과 파트너십을 맺고 미래 융합 교육과 연구 및 컨설팅을 하는 교육기관으로 싱귤래리티대 연구실 Singularity University Lab 과 싱귤래리티 허브 Singularity Hub 를 운영하며 또 하나의 대표적 고등교육 대안 모델로 주목을 받고 있다.

1997년에 혁신적인 공대 교육을 위해 프랭클린 W. 올린 Franklin W. Olin 의 기부로 설립된 올린공대 Olin College of Engineering 는 2002년부터 70여 명의 학생을 선발하여 공대의 대표적 혁신 모델로 일컬어진다. 교과목을 5년이 되면 폐기하고 다른 교과목으로 대치하는 것으로 유명하고 강의중심이 아니라 팀 프로젝트를 통해 소비자가 원하는 제품을 설계하는 것에 주안점을 둔다.

또 다른 미래 교육의 대안모델로 성공한 혁신대학은 미네르바대다. 미네르바대는 벤처투자자본의 후원을 받아 새로운 교육방식의 온라인 교육 플랫폼 "미네르바 플랫폼"을 개발하여 원격교육의 가능성을 열었다. 캠퍼스 없이 도시의 다양한 시설을 활용하고 교육은 온라인 토론식 학습으로 진행하며 4년 동안 7개 도시 중 4개 도시를 순회하며 현지 도시의 사회, 경제, 문화 예술, 환경, 교통 등 테마를 선택하여 집중 사례연구를 하는 현장중심 교육을 실시한다. 일반 종합대학처럼 캠퍼스 운영으로 높은 비용을 부담할 필요 없이, 강의실과 연구실이 없는 저비용 모델로 교육에 강조점을 둔 미래형 교육시스템으로 주목받았다.

특히 초대 학장으로 하버드대 인지심리학자인 스티븐 코슬린 Stephen Kosslyn 교수를 영입하였으며 모든 과목의 운영을 능동학습 방식으로 구성하여 학생참여를 우선으로 하는 교과목 운영을 만들었다.

미네르바대의 교양교육은 인간의 4대 핵심역량을 개발하고 이 핵심역량이 개인에게 내재화되도록 '사고의 습관 Habits of Mind'을 훈련시킨다. 모든 현상에 대해 객관적인 판단을 가능하게 해주는 비판적 사고 critical thinking 를 통해 주장의 평가, 추론의 분석, 선택의 기준들을 학습한다. 경험적 분석을 바탕으로 창의적 사고 creative thinking 를 키워주며 현실 세계에서 새로운 발견을 촉진하고 문제를 객관적으로 파악하여 해결할 수 있는 능력을 키워준다. 효과적 소통 effective communication 은 상대방과의 효과적인 커뮤니케이션을 위해 언어 및 비언어 사용에 대한 다양한 방법들을 훈련하고 습관화시킨다. 효과적 상호작용 effective interaction 은 사회현상의 복잡한 시스템 속에서 효과적으로 상대방과 협력하기 위해 협상, 조정, 설득하는 방법들을 배우고 익히는 교육이다. 교과내용보다는 이렇듯 역량 강화에 집중한 교양교육을 실시한다.

이러한 정규 대학 프로그램과는 별개로 다양한 대안교육도 활발하게 이루어지고 있다. 대표적으로 2011년에 시작된 유다시

티 Udacity 는 4개월간의 나노 학위 과정으로 이루어져 있다. 일대일 멘토가 프로젝트 형식의 교육을 실시하며, 취업과 커리어를 위한 유연한 학습시스템으로 데이터과학, 인공지능, 프로그래밍, 클라우드 컴퓨팅 등의 과목을 배우게 된다. 이러한 교육 프로그램 과정을 마치고 취업이 되지 않으면 수업료를 환불해주는 것이 특징이다.

우리나라에도 도입되어 유명해진 프랑스의 에콜42 Ecole42 도 대표적인 대안교육 프로그램으로 소개되고 있다. 2013년에 IT 기업으로 성공을 거둔 자비에르 닐 Xavier Niel 에 의해 설립된 에콜42에서는 IT 관련 교과목을 수준별 자율학습으로 배운다. 수업은 게임이나 협력 프로젝트 형식으로 진행된다. 강사와 교재와 학비가 없는 3무 정책으로 유명하며 교육 종료 후 현장에서 곧바로 활용 가능한 IT 인재를 육성하는 혁신적 교육기관이다.

2006년에 시작된 칸 아카데미도 공공재로서 지식을 무료로 제공하는 대표적인 대안 학습 프로그램이다. 인도계 컴퓨터 과학자 살만 칸 Salman Khan 이 수학을 포기한 조카를 위해 수학의 다양한 내용을 15분 과외학습 방식으로 잘게 나누어 스스로 학습이 가능하게 만든 프로그램이다. 온라인상에서 원하는 부분의 수학문제를 풀고 자원봉사 교사가 잘못된 부분들에 대해 개인지도를 해주는 맞춤형 교육방식이다. 칸 아카데미는 수학을 넘어

과학, 컴퓨터 프로그래밍, 역사, 미술사, 경제 부문까지 영역을 확대하여 개인맞춤형 과외지도를 하는 대안 학습 프로그램으로 발전했다.

이처럼 디지털 혁명을 맞아 인류 문명이 획기적으로 바뀌고, 코로나 사태를 거쳐 원격교육의 가능성이 크게 열리면서 새로운 고등교육 혁신방안들이 더욱 중요한 변화로 등장했다. 마치 근대화 과정에서 새로운 교육들이 등장했던 것처럼 기존의 대학부터 새롭게 출범한 대학에 이르기까지 여러 교육기관에서 미래형 혁신 모델들이 대학교육의 변화를 주도하게 된다.

6. 우리나라 교육혁신의 사례들

우리나라는 1960년대 대학 진학률이 6%에 불과했고 1980년대 초까지 20% 초반에 머물러 있었다. 이제는 70%가 넘는 대학 진학률에 원격대학들이 등장하고 학점제 학사학위 취득도 가능해져서 거의 대부분의 국민이 대학에 진학하는 것으로 보아도 무방하다. 하지만 이처럼 대중교육으로 보편화된 대학 학부교육이 20세기 대량생산 체제에 맞추어진 교육의 방법과 수준에 머물러 있는 것도 안타까운 현실이다. 아직도 학과별 세분화된 전공중심으로 학부교육을 하고 이를 강의를 통한 지식 전달 방식으로 교육하며 대학원과 학부의 전공을 사일로 silo 처럼 한 틀에서 운영하는 것은 바람직하지 못하다. 이를 극복하기 위한 대학교육 혁신 시도를 고려대와 태재대의 사례를 통해 살펴보고자 한다.

먼저 고려대는 2015년부터 강의 위주의 주입식 교육과 정형화된 교육방법을 탈피하기 위해서 다양한 실험을 시도했다. 교육인프라, 교육과정, 교양과목의 혁신이 대표적인 미래지향적 실험이었다.

먼저 교실에서 수업을 받는 것이 유일한 교육이라는 고정관념을 벗기 위해서 교실 밖 토론이 활성화될 수 있도록 파이빌 π-Vill: Pioneer Village 을 만들었다. 중고 컨테이너 박스 38개를 기본 재료로 하여 5층 규모의 다양한 토론과 프로젝트 작업이 가능한 공개 공간 open space 을 만들었다. 고려대는 학생들이 파이빌을 한 달씩 빌릴 수 있게 함으로써 문제해결형 토론을 위한 공간을 제공했다. 같은 학과 학생들로만 구성된 팀에게는 임대가 거부되고 다른 학과나 다른 대학, 그리고 재학생과 졸업생이 함께 모인 다양한 구성원들이 토론을 자율적으로 수행하는 교육공간으로 활용되었다.

파이빌은 학생들이 수동적으로 교수의 강의를 듣는 지식 전달형 대학교육이 아니라 자신의 생각을 창의적으로 발표하고 토론하여 문제를 해결할 수 있는 지적 능력을 키워주기 위한 공간으로 설계되었다. 그리고 혼자 문제를 해결하는 것이 아니라 다양한 구성원들이 공통의 문제에 대해 아이디어를 제시하고 협동할 수 있는 교육방식이다. 3년여 만에 약 200여 개의 팀이 파이빌을 거쳐 갔고 이를 통해 60개 정도의 스타트업 프로젝트가 시도되었다고 한다.

파이빌에서 토론한 다양한 아이디어들은 많은 논의과정을 거쳐 시제품 제작까지 이어진다. 상상을 현실로 바꾸고 싶어 하는 학생들을 위해 3D 프린터와 엔지니어와 테크니션의 도움을 받는 시제품 제작 실험실인 X-Garage를 주차공간으로 사용빈도가 낮은 국제관 지하주차장에 만들었다. 이곳은 토론과정에서 논의된 아이디어가 실제로 구현 가능한지를 알아보는 작업장이다. 파이빌과 X-Garage는 아이디어와 시제품 구현을 연결시켜주어 다양한 문제해결 능력을 키워 주기 위한 공간이라고 할 수 있다.

이와 함께 중앙광장 지하에 있는 독서실과 같은 구조의 도서관 열람실 약 200평을 리모델링하여 학생들이 유튜브 콘텐츠를 제작할 수 있도록 6개의 스튜디오와 TED 형식의 토론이 가능한 시설을 갖춘 CCL CJ Creator Library 을 만들었다. 학생들이 자유롭게 스튜디오를 임대하여 비디오 콘텐츠를 제작할 수 있도록 전문적인 카메라, 영상, 음향시설을 제공하여 지식을 창출할 수 있는 인프라를 제공한 것이다. 이를 통해 재학생이나 졸업생은 누구나 자신의 생각을 유튜브 콘텐츠로 제작할 수 있다.

미래형 교육환경을 위해서 연건평 8천 평이 넘는 지상 5층 지하 2층의 SK미래관도 건립했다. 이곳은 강의실이 전혀 없고 토론형 세미나실, 개인 집중 연구가 가능한 캐럴이 각각 111개, 대형 컨퍼런스룸, 카페 등이 마련되어 휴식과 몰입형 연구 및 문제해결형 토론이 가능한 공간으로 구성되어 있다. 강의 위주가 아니라 상호 토론하고 아이디어를 논의하는 미래형 학습공간으로 설계되었고 기업과 협력연구가 가능한 리빙랩을 운영할 수 있는 공간도 마련되었다.

이제는 학생들이 대학에서 강의지식을 얻어가는 것이 아니라 자신들의 창의적인 아이디어를 갖고 지식을 창출해내는 훈련을 할 수 있는 장소가 필요하다. 이를 위해 파이빌, X-Garage, CCL 등이 활용되었다. 교실이나 도서관과 같은 학습공간뿐 아니라 학생들이 문제를 해결하기 위한 디자인 프로젝트를 실험해보고 토론할 수 있는 장소를 만든 것이다. 이를 통해 학교 캠퍼스 전체가 지식의 놀이동산knowledge amusement park 으로 바뀔 수 있다.

교육과정 혁신을 위해 유연학기제를 통해 일주일에 3시간이 아니라 수업과 토론을 연결하여 일주일에 6시간 집중수업이 가능하게 만들었다. 이 경우 16주 수업이 아니라 8주 만에 수업을 소화할 수 있어서 해외 인턴 등 다양한 현장체험 학습을 경험할 시간적 여유를 제공해 줄 수 있다. 또한 학부 전공 이수학점을 축소하고 전공필수 과목을 폐지하는 방향으로 교과과정을 개편했다.

강의식 교과운영이 아니라 토론과 문제해결중심의 프로젝트 강의를 확충하고 전공교과 수업은 가급적 대학원 과정에서 소화할 수 있도록 재구성했다. 학부의 전공은 이중 전공제 및 통합형 전공, 그리고 자기설계 전공 등 다양성을 확충하도록 했다. 학과 교수 충원의 경우도 교수 티오^{TO} 제도를 없애고 수시로 우수 교원을 유치할 수 있는 특별채용 제도를 대폭 개선했다.

전통적으로 우리나라 대학의 교양과정은 영어, 작문 등 기본 소양과목과 전공 관련 개론과 원론 등 기초과목들로 구성되어 있다. 이러한 전통적 교과중심의 교양과목을 대폭 축소하고 고려대의 교훈인 자유, 정의, 진리를 기본으로 한 비디오 교재를 활용하여 토론형 수업을 진행했다.

필수공통교양으로 인문, 사회과학, 자연과학 전 분야의 인류 지성사를 꿰뚫을 수 있는 매 주제별 40분 분량의 다큐멘터리 비디오 강좌를 문과대학과 정경대학 및 교양교육원 교수들이 1년

이상의 토론 과정을 거쳐 자체 제작했다.

2주에 한 주제별로 다큐멘터리를 시청하고 이를 보고난 다음 자신만의 질문을 교수에게 제출한다. 교수는 이를 중심으로 전체 학생들을 대상으로 토론수업을 한다. 이후 20명씩의 학생으로 그룹을 나누어 강의조교teaching fellow가 인도하는 그룹별 토론을 거쳐 5명의 학생이 최종 발표를 하는 형식으로 토론수업이 진행되었다. 강의조교는 대학원 학생을 중심으로 선발되어 방학기간 중 사전에 한 달 정도 워크숍을 통해 교육 받도록 했다.

필수공통 교양과목으로 개발된 주제들은 한 학기 7개의 주제로 3학점으로 구성되었다. 첫 학기에는 '알파고와 코기토', '생동하는 언어', '이성의 역사', '욕망과 무의식', '법과 정치', '생산교환소비', '진리탐구와 대학의 미래'를 주제로 40분짜리 비디오 교재가 만들어졌다. 각 주제에 대한 비디오 시청을 하고 이를 바탕으로 토론 및 발표로 수업이 구성된다.

두 번째 학기에는 '시각과 인식', '공간과 장소', '시간과 인간', '몸의 역사', '구조현상본질', '예술과 테크놀로지', '비판정신과 대학의 가치'라고 하는 7개의 주제로 수업이 진행되었다. 강의는 교수들이 외부 다큐멘터리 제작업체와 공동으로 1년여간의 워크숍을 진행하여 자체 제작한 다큐 동영상을 시청하고, 이에 대해 느낀 점을 중심으로 하는 Q&A수업, 강의조교에 의한 튜토리얼 토론수업을 거쳐 최종적으로 그룹별 발표와 이에 대한 논점지도 형식으로 이루어진다.

최근 대학교육 혁신을 주도하고 있는 사례 중 하나인 태재대는 미네르바대의 혁신적 교육방식에 영향을 받아 21세기 새로운 교육을 위해 출범한 우리나라의 대학이다. 태재대는 21세기 새로운 문명의 출현을 대비하여 글로벌 리더를 육성하기 위한 학부중심의 교육기관으로 설립되었다. 20세기까지 서양중심의 문명이 세계질서를 이끌어왔다고 한다면 21세기에는 동북아시아를 중심으로 한 새로운 문명의 대두가 예견되고 있다. 미중 갈등이 심화되고 있는 가운데, 동양과 서양의 문명을 이해하고 이를 통해 21세기 인류의 새로운 글로벌 문명의 질서를 정립해야 할 때이다. 이를 위해 21세기 고등교육기관으로서 글로벌 인재, 미래 인재, 자기혁신 인재를 육성하기 위해 태재대가 출범했다.

미래의 혁신대학을 지향하는 태재대의 교육은 기존 대학의 교육과는 많은 차별점을 갖고 있다. 교육내용, 교육방식, 교육공간, 교수 구성 등 모든 점에서 디지털 문명의 변화에 따른 획기적인 대학혁신을 추구하고 있는 것이다. 우선 태재대는 교육내용을 교과와 비교과로 나누어 학생의 역량을 최대한 키워 주는 교육을 지향하고 있다. 20세기 교육이 지식 위주의 교과로만 이루어져 있다면 태재대는 학생 개개인의 역량을 키워 주기 위해 교과 지식뿐 아니라 생활체험형 비교과 교육을 중시한다.

모든 교과는 온라인 수업으로 능동학습 active learning 방식으로 이루어진다. 교수의 강의와 같은 형식지의 일방적 전달보다는 토론과 문제해결형 수업이 진행된다. 학생들은 매 학년 한국학생 100명 정원에 미국, 중국, 일본, 러시아 등 외국학생 100명 정도의 규모로 이루어진다. 모든 수업은 20명 이내의 학생들이 교수가 사전에 준비한 학습계획 lesson plan 에 따라 체계적인 토론을 통해 자신들의 생각을 구체화하는 역량강화 형식의 교육으로 이루어진다. 글로벌 교육을 위해 모든 강의는 영어로 이루어져 있고 교수진도 전 세계에 산재되어 온라인 수업을 진행한다.

기존의 전통적 대학은 학생들이 각자 자기 집에서 개별적으로 생활하다가 캠퍼스라는 공간에 모여서 교수의 강의를 일방적으로 수강하는 교육을 받는다. 하지만 태재대에서는 4년간 모든 학생들이 국내외 기숙사에서 공동으로 생활하며 온라인으로 전 세계 어디에서나 강의에 참여할 수 있는 교육프로그램을 운영한다. 수업은 디지털 특성에 맞게 온라인 토론식 수업으로 이루어지지만 생활체험학습을 위해 4년간 동급생들이 함께 기숙사에서 생활하게 된다.

1학년 전 과정과 2학년 1학기까지는 서울에서 기숙사생활을 하고 2학년 2학기에는 도쿄, 3학년 1학기에는 뉴욕, 2학기에는 홍콩, 4학년 1학기에는 모스크바에서 기숙사 생활을 하게 된다. 4학년 2학기에는 다시 한국으로 돌아와서 캡스톤 디자인 프로젝트를 하게 된다. 캡스톤 디자인 프로젝트는 졸업논문과 같은 형식으로, 전공을 바탕으로 1학년 때부터 관심 주제를 찾아 문제를 해결하는 프로젝트이다.

각국의 현장학습 study tour 은 한국을 중심으로 20세기 강대국인 일본, 미국, 중국, 러시아에서 이루어진다. 각 나라의 특성을 체험하면서 각 나라가 강대국이 되는 과정에서 지도자들이 어떤 상황에서 어떤 의사결정을 했는지를 고찰하고 그 나라의 역사, 문화, 사회에 대한 비교과 교육을 글로벌 체험 프로그램 global engagement program 을 통해 배우게 된다. 또한 각국에서는 그 나라의 구체적인 문제를 분석하고 나름대로의 해결방안을 제시하는 도시문제해결 프로젝트 civic project 를 자율적으로 수행한다. 이 프로젝트는 교육콘텐츠원 Education Contents Institute 과 글로벌선도원 Global Initiative Institute 이 기획하고 전공교수의 지도하에 수행하게 된다.

기숙사에서는 사회적 가치 social value 를 체득하고 리더십 훈련과 커리어 개발을 위한 비교과 교육을 받게 된다. 이러한 교육은 학생성공원 Student Success Institute 의 교수 및 전문가들의 개인 맞춤형 지도를 통해 이루어진다.

교과과정은 1학년은 혁신기초 innovation foundation 과목을 중심으로 수업 받게 된다. 혁신기초 과목은 태재대 학생들이 글로벌 리더가 되기 위한 역량을 강화하는 과정으로, 개인적 역량 3가지와 사회적 역량 3가지를 중심으로 구성된 10개의 교과목 중 8개를 수강하게 된다. 개인적 역량으로는 비판적 사고 critical thinking, 창의적 사고 creative thinking, 자기주도 학습 self-directed learning 을 강화하고, 사회적 역량으로는 소통과 협동 communication&collaboration, 다양성과 공감 diversity&empathy, 글로벌 화합과 지속가능성 global harmony &sustainability 에 주안점을 둔다.

2학년 1학기까지 영어와 모국어를 제외하고 체험학습을 하게 될 국가의 제2외국어 2개와 컴퓨터언어를 중급 이상의 수준이 되도록 해야 한다. 1학년을 마치고는 미래를 전망하기 위해 미국 실리콘밸리에서 3주간 현장학습을 하고 4학년 1학기를 마치고는 유럽문명사 그랜드투어를 4~5주간 실시한다. 현장학습은 대학에서 체계적으로 준비한 프로그램을 기반으로 학생들이 자율적으로 계획하고 이에 대해 사전지도를 받아 추진한다.

온라인으로 진행되는 교과수업은 일주일에 100분 수업을 두 차례 받는데 모두 토론 및 발표 형식 수업으로, 정교하게 기획된 학습계획에 따라 진행된다. 수업은 인게이지리 Engageli 라고 하는 스탠퍼드대 컴퓨터과학과 교수들이 중심이 되어 개발한 온라인 수업 플랫폼을 활용한다. 인게이지리는 학생들이 교수에 의해 주어진 주제를 그룹별로 나누어 토론할 수 있게 하며, 교수가 퀴즈를 수시로 제시하고 이에 대해 평가할 수 있도록 한다. 수업이 끝나면 교수와 개별 학생들의 발언 시간과 강도 등 수업진행 내용이 그래프로 분석되어 나온다.

이를 바탕으로 교육혁신원 Education Innovation Institute 의 교육학 전공 교수와 연구원들이 수업을 체계적으로 분석하여 교수와 학생 개개인에게 피드백을 하게 된다. 모든 교수들은 학부장 주도 하에 매주 수업에 대해 평가회의를 하고 학기가 끝나면 교수 전원이 참여하는 워크숍을 통해 수업의 내용을 분석 평가한다.

이와 같은 교육방식은 학생 개개인의 역량을 극대화하기 위한 개별 맞춤형 교육시스템이라고 할 수 있다. 이런 교육은 캠퍼스에서 일방적인 강의를 통해서는 구현하기 어렵고 온라인 교육과 현장체험 학습을 통해 학생들을 개별적으로 지도하는 시스템에서만 가능하다고 할 수 있다. 이러한 변화의 시도들은 1960년대와 1970년대 이후 변하지 않는 대학교육의 관례들을 과감하게 혁신하고 21세기에 부합하는 새로운 형태의 교육과정을 만들기 위한 노력이라고 볼 수 있다.

7. 나가며

21세기의 인류는 이전에 경험하지 못한 전혀 새로운 문명을 맞이하게 된다. 디지털 혁명과 정보통신 혁명은 이러한 새로운 문명을 구축하는 기본요소로서 인간의 삶을 근본적으로 바꾸어 놓고 있다. 아날로그 시대에서 디지털 시대로 바뀌면서 인류의 지식이 유통, 축적, 확산, 재구성되는 과정이 이전과는 비교할 수 없을 정도의 규모와 속도로 변화하고 있다. 이는 인간의 삶을 이전 근대문명과는 매우 다른 형태로 바꿔 놓을 것이다.

교육도 형식지는 인공지능이 내재된 교육시스템을 통해 습득하는 것이 훨씬 효과적이다. 개인만이 가질 수 있는 암묵지는 이런 형식지를 바탕으로 하되 비판적이고 창의적인 문제해결 능력을 내재화하는 훈련을 통해 축적될 수 있다. 따라서 미래의 교육방식은 형식지와 암묵지를 유기적으로 연결하여 형식지는 객관화된 지식을 공유하는 인터넷 강의나 인공지능이 내재화된 기계학습으로 배우고 암묵지는 교수와 학생들이 문제해결을 하는 토론식 수업으로 발전시키는 방식으로 변화하게 될 것이다.

토론식 능동학습은 교실현장에서 대면으로 하는 물리적 한계를 넘어 온라인 플랫폼을 활용하는 것이 더욱 효과적일 수 있다. 반면에 현장학습 등과 같이 실제 체험을 통한 문제해결형 수업은 기존의 교과목이 아닌 비교과 참여형 교육이 효과적이다. 따라서 미래의 교육패러다임 혁신을 위해서는 학생들의 역량을 강화시켜줄 수 있도록 교과와 비교과를 유기적으로 연결해 교육프로그램을 전면적으로 재편해야 한다.

이처럼 급격히 변화하는 시대의 특성에 따라 인간의 역량을 강화하기 위해서는 교육의 패러다임이 변화해야 한다. 21세기의 고등교육은 디지털 혁명으로 발전된 인공지능이 초래하는 문명사의 대전환에 따라 새로운 혁신을 요구받고 있다. 이를 위해서는 세계 곳곳에서 이루어지는 교육혁신의 다양한 대안적 실험들에 주목하고 적실한 교육시스템을 구축하는 것이 필요하다. 디지털문명 시대를 맞아 고등교육 패러다임의 대전환은 미래세대를 위한 교육계의 시대적 책무라고 할 수 있다.

2장

AI 혁명과 대학의 역할

이광형

1. 들어가며

인공지능^{AI} 혁명의 대전환이 가져올 혁신과 발전에 기대가 한창 부풀고 있다. 동시에 대전환 현상이 대한민국에는 위기감으로 다가오고 있는 것이 사실이다. 이런 위기감을 가져오는 핵심 요소 중 하나는 바로 성장 잠재력의 저하다. 한국 사회 곳곳의 역동성이 줄어들었다. 일자리가 부족하다. 청년 실업률이 6.1%나 되어 약 30만 명의 청년 실업자가 세상을 원망스러운 눈으로 바라보고 있다. 많은 젊은이가 희망을 잃고 결혼마저 기피하는 형국이다. 각 분야와 각 세대에서 뭔가 해보자는 의욕보다, 현재를 즐기는 사람들과 체념하는 사람들이 많아 보인다. 우리나라 주력

산업인 반도체·자동차·철강·조선·석유화학 산업의 활약에도 성장률이 저하되어 미래가 걱정이다. 여기에 국제 에너지 가격 폭등으로 우리 경제가 홍역을 치르고 있다.

그러나 디지털 전환으로 위기 요인 상당 부분을 해소하고 사회 각 분야에 생기를 불어넣을 수 있을 것이다. AI 혁명에 대비해 디지털 전환을 이루면 모든 분야에서 효율을 높일 수 있다. 이를 위해서는 디지털 교육을 제공하여, 시대의 흐름에 올라타 새로운 서비스, 새로운 부가가치를 창출하는 디지털 인재를 양성해야 한다.

대한민국은 교육의 나라다. 교육열로 일어섰고 또한 교육열로 몸살을 앓고 있다. 물적 자원이 거의 없는 대한민국이 여기까지 발전해 온 힘은 교육열이 일등 공신일 것이다. 우리는 지금 눈앞에서 과열 부작용을 보기 때문에 나쁜 것처럼 보이지만, 인공지능 시대를 앞둔 대한민국에 교육열처럼 소중하고 보배로운 것도 없다고 생각한다. 문제는 이 에너지를 어떻게 활용하여 대한민국을 한 단계 도약하게 만드느냐에 달려있다. 여기에 가장 중요한 역할을 해야 하는 것이 바로 대학이다.

그러기 위해서는 대학이 변화해야 한다. 세상은 대전환을 겪고 있는데 대학은 옛날 방식을 고수한다면 그 기능과 역할을 제대로 수행할 수 없다. 대학의 모든 것은 '교육'을 잘하기 위함이다. 그리고 교육은 꿈을 찾게 해주는 역할을 한다. 교수들은 선생으로서 학생들의 꿈이 잘 클 수 있도록 그 심지에 불을 붙여주는 역할을 하는 사람들이다. 지식 전수보다 중요한 일이다. 책을 보고, 여행하며, 실험실에서 과학을 탐구하는 이 모든 일이 '꿈을 찾는 과정'이다. 연구 역시 세상을 들여다보는 방법 중 하나다. 학생은 자기 꿈만 찾으면 스스로 나아가는 존재다. 대학과 선생님들은 믿고 기다려줄 필요도 있다. 그러면서도 교육의 본질을 잊지 않는 게 중요하다.

앞서 언급했듯이, 현재는 대전환의 시대이다. 어느 것 하나 과거에 하던 방식으로는 대응이 안 된다. 특히 인공지능 개발은 '불의 발견'에 버금가는 문명사적 사건이다. 챗GPT에서 봤듯이 AI의 발전은 놀랍다. 현재 추세로 발전하면 학생들이 사회에 나가 활동할 때에는 인간의 많은 일을 AI가 대신하고 있을 것이다. 지식은 AI가 제공해 주기 때문에 지식 습득의 중요성은 현저히 감소할 것이다. 미래 사회에서 인간의 역할은 창의 활동에 집중될 것이다. 인간의 역할은 변하고 일자리에도 큰 변화가 예상된다.

이처럼 AI의 진격이 코앞에 와 있는데, 우리는 아직 수능 킬러 문제 수준의 담론에 갇혀 있는 느낌이다. 이는 마치 40여 년 전에, 컴퓨터가 나오기 시작했는데도 암산이나 주판 공부를 어떻게 할 것인가 논쟁하던 모습과 별반 달라 보이지 않는다. 긴 안목

에서 바라보면 눈앞의 문제도 해결 방향이 보일 것 같다. AI 대전
환 시대에 맞는 교육을 논의해야 한다. 대학은 어떤 교육을 제공
하여 어떤 인재를 양성해야 하는가? AI 혁명 시대 대학의 역할은
무엇인가? 아래에서는 AI 혁명 시대 한국이 주력해야 할 산업을
개괄하고, 이를 위해 대학에 필요한 변혁을 검토해 보자.

2. AI 혁명과 한국의 미래 산업 전략

AI 혁명 시대 대한민국은 반도체 산업, AI 산업, 의료바이오 산업
에 매진해야 한다. 반도체 산업부터 살펴보자. 반도체 산업은 두
가지 측면에서 중요성이 남다르다. 우선 반도체가 현대 문명 내
에서 차지하는 역할 때문이다. 현대 문명은 인간의 지적 활동을
컴퓨터에 의존하며 발전하고 있다. 인간의 두뇌 대신에 컴퓨터
가 계산해 주고, 기억해 주고 있다. 이제 인공지능 시대에는 의사
결정까지 컴퓨터가 대신하게 될 것이다. 현대 문명이 발달할수
록 빠른 계산력이 필요하고, 더 많은 기억 용량을 요구하고 있다.
컴퓨터 내에서 계산하고 기억해 주는 부품이 바로 반도체 칩이
다. 그러니 반도체 칩은 현대 사회에서 대체 불가능한 제품이다.
거의 모든 기계 속에는 컴퓨터가 들어 있기 때문에 기계를 작동

하려면 반도체가 있어야 한다. 현재 차량용 반도체 품귀로 자동차 생산이 지연되고 있는 현상을 보면 쉽게 이해가 간다. 한마디로 말해서 핵심 부품으로서 반도체는 현대 문명의 모든 영역에서 필수적이다. 반도체 공장이 멈추면 전체 산업이 멈춘다. 반도체가 없으면 모든 기계가 멈춘다.

둘째로, 반도체의 국제정치적 중요성 때문이다. 반도체는 단순히 꼭 필요한 부품 이상으로, 석유와 희토류 등의 자원처럼 국제정치적인 중요성을 지닌다. 이런 자원 역시 현대 문명에 필수적이지만, 지구상의 특정 지역에만 분포하기 때문에 자원을 가진 나라가 국제 관계에서 이를 무기처럼 휘두르기도 한다. 하지만 공장에서 생산되는 반도체가 어떻게 국제정치적인 중요성을 지닐까? 바로 반도체를 생산하는 나라가 전 세계에서 몇 안 되기 때문이다.

한국·미국·대만·일본·중국 정도가 전부이다. 반도체 산업은 다른 산업에 비하여 후발주자가 따라오기에 진입장벽이 높다. 우선 어마어마한 투자가 필요하다. 한 개 생산라인을 건설하는 데 수십조 원의 돈이 들어간다. 이러한 공장은 거의 모두 자동화되어 있다. 돈이 있다 하더라도 이처럼 완벽한 자동화 공장을 건설하는 일은 쉽지 않다. 또 공장을 건설하여 생산한다 해도 품질이 떨어지면 살아남기 어렵다. 제품의 합격률을 수율收率이라 부른다. 우리나라처럼 안정된 생산 공장을 가진 나라의 수율은 세계 최고 수준이다. 수율이 낮은 후발주자들은 초격차 경쟁에서 살아남기 어렵다. 아무리 과학기술이 발전한 국가라 하더라도 정교한 생산기술을 확보하지 못하면 반도체 생산 국가가 될 수 없는 이유이다.

이 점에서 AI 혁명 시대는 기정학技政學의 시대라고 할 수 있다. 즉, 기술 패권이 국제정치를 좌우하는 시대라는 의미다. 과거에는 지리적인 위치가 중요한 지정학地政學 시대였다면, 21세기는 기술을 바탕에 둔 기정학에 의해 국제정치가 이루어진다.

최근 미·중 갈등을 비롯해 동맹국들의 연합이 반도체·배터리 기술 등 기정학적인 이해관계에 따라서 형성되고 있는 것을 확인할 수 있다. 미국의 바이든 대통령이 방한 때 평택 삼성 반도체 공장을 방문한 것 역시 단적인 증거이다. 미국이 중국을 견제하기 위하여 우방국들과 함께 연합체를 구성하고 있는 시점에서 전략 기술의 보유 여부가 중요해졌다. 미국중심의 연합체에서 꼭 필요한 존재가 되어야 대접받고 국가 안전이 보장된다. 현재 우리나라는 반도체와 배터리의 주요 생산 국가로서 중요한 위치를 차지하고 있다. 지난 2022년 5월 한·미 정상회담 공동성명에서도 기술동맹이 크게 강조됐다.

즉, 이제 세계 각국은 자국에 필요한 기술, 부품, 특허를 보유하고 있는 국가와 동맹을 맺어야 하는 시대가 왔다. 동시에 자국의 핵심 산업 또는 첨단무기의 소재·부품·장비를 안정적으로 공급하기 위해서는 과학기술과 정치·경제 간 글로벌 역학관계를 파악해야 하는 시대가 되었다. 그리고 반도체가 그중에서도 가장 중요한 전략자원이며 이것이 우리가 반도체 산업에 매진해야 하는 이유다.

반도체 산업과 유사한 성격을 지닌 산업이 있다. 바로 4차 산업혁명의 다른 이름처럼 불리기도 하는 AI 산업이다. 20년 안에 인간의 역량을 뛰어넘는 AI가 등장하면서 사회 전반에 큰 변화가 찾아올 것이라고 예측할 수 있다. 인간과 같은, 나아가 인간을 뛰어넘는 AI시대는 근미래에 반드시 도래한다. 우리는 두 가지 측면을 염두에 두고 이에 선제적으로 대응해야만 한다.

첫째는 반도체의 기정학적 성격과 유사한 기술패권의 측면이다. 디지털이 중심이 된 시대는 인공지능이 사회 전반을 아우른다. 지금 세계 디지털 시장은 급변하고 있다. 여러 나라에서 많은 AI 전문 기업이 초거대 AI 제품을 개발·발표하고 있다. 챗GPT의 출현으로 많은 디지털 기업이 초거대 AI 언어모델에 사활을 걸고 있다. 세계는 AI에 의해 재편될 것으로 예상되기 때문이다. 마치 인터넷 검색엔진이 처음 나오던 30년 전과 비슷하다. 처음에는 우후죽순 제품이 나오다가 점차 정리되어 독점 체제가 구축된다. 구글이나 네이버 등 기존 검색 시장도 AI 시장에 흡수될 것이다. AI는 거의 모든 것을 빨아들일 것이다. AI가 창작·작곡·미술·진단·법률 서비스에 진출한 건 놀라운 일이 아니다. 모든 경제·문화 활동의 인프라가 될 초거대 AI는 국가의 모든 것을 결정하게 될 것이다.

다른 제품과 달리 AI는 국가의 거의 모든 것을 지배하는 제품이다 보니, 각 국가와 기업은 사활을 걸고 경쟁하고 있다. 한번 경쟁에서 탈락하면 재기하기 어려운 특성 때문에 더욱 절박한 상황이다. 디지털 시대의 특징 중 하나는 2등을 허용하지 않는다는 점이다. 디지털 세상에서 2등은 설 자리가 없다. 또한 디지털 기본권도 모든 사람에게 공평히 적용된다는 보장이 없다. 과거 힘 있는 사람에게 선별적으로 자유와 평등이 주어졌듯 미래 디지털 기본권도 마찬가지가 될 수 있다.

만약 한국이 외국 AI를 사용하면 경제력은 물론 문화와 국방까지 영향을 받게 된다. 처음에는 외국 AI를 값싸게 이용할 수 있겠지만, 독점 체제가 완성되면 엄청난 이용료를 지불해야 할 것이다. AI를 제작할 수 있는 역량이 없으면 비싼 돈을 들여가며 다른 이의 지배를 받게 된다. 현재 구글, 애플, MS 제품이 우리 삶을 규정하고 있고 영어를 못하면 주인공이 될 수 없는 것처럼 말이다. AI는 앞으로 국가 기반 인프라가 된다. AI가 사회 전반 모든 것을 결정할 것이다. 결국 외국산 AI를 쓴다면, 사회 모든 것을 남에게 맡기는 꼴이다.

AI 독립국가를 만들기 위해서는 비용이 더 들고 불편한 점도 있을 것이다. 우선 편리하기로는 다른 나라의 AI를 사용하면 된다. 그러나 그 길이 바로 예속의 길이라는 것을 알기 때문에 우리는 그 길로 갈 수 없다. 이것은 다른 나라도 마찬가지다. AI는 어쩌면 반도체보다 더 중요한 산업이다. 기술·경제는 물론 문화·국방에까지 영향을 미치기 때문이다. 디지털 권리장전도 AI가 타국에 예속되면 온전히 지켜질 수 없다. 그리고 한번 예속되면 영원히 헤어나기 어려운 상태가 될 수 있다. 따라서 정부가 하루빨리 정책 방향을 수립해 AI를 국가 기간산업으로 지정하고 지원해야 한다. 과거 40년 전에 조선·자동차 산업을 키우던 수준, 그리고 현재 반도체 수준으로 행정·재정 지원을 해야 한다.

둘째는 인간이 기술에 지배받지 않기 위해서다. 흔히 자의식을 가진 AI가 인간을 지배하는 세상이 올까 두려움을 표한다. 이런 걱정을 차근히 살펴보자. 우선 자의식이란 무엇인가? 여러 가지로 정의할 수 있지만, 남과 구별되는 자기 자신인 '자아'를 인식하는 것이라 할 수 있다. 그러면 어떻게 자아의식을 가졌는지 알 수 있을까? 일반인은 의사표시를 할 수 있기 때문에, 자아를 인식하고 있는지 아닌지 알 수 있다. 그러나 대화가 되지 않는 어린아이 또는 동물, AI 같은 기계는 어떻게 알 수 있을까? 이 논의는 '생명체'를 무엇으로 정의하는지로부터 출발해야 한다고 생각한다.

생명체의 가장 기본적인 본능은 자기 자신을 보호하여 생명을 유지하는 것이다. 개체 보존 본능이다. 동물은 배가 고프면 소리를 지르며 먹이를 찾아 나선다. 만약 어느 생명체가 개체 보존 본능을 위한 활동을 하지 않았으면 생명이 유지되지 못하고 멸종했을 것이다. 한 살 된 어린아이가 배가 고파서 울면 그것을 개체 보존 행동이라 할 수 있다. 영양소가 부족하면 인체는 경고 신호를 보내고, 생명체는 그 신호에 반응한다. 영양소가 부족하면 생존이 위험해지기 때문에 영양소를 흡수하기 위하여 모든 노력을 한다.

필자는 어느 물체가 자아를 가졌는지 판단하는 방법은 개체 보존 행동을 하는가 여부라고 생각한다. 인간은 물론이고 동물에 대해서도 이 원칙은 적용될 수 있다. 그런 의미에서 강아지도 배가 고프면 먹이를 찾기 때문에 자아를 가졌다고 볼 수 있을 것이다. 마찬가지로 AI의 자아 논의에도 적용할 수 있다고 생각한다. AI는 이미 개체 보존 행동을 하고 있다. 필자는 이러한 자아를 '유사 자아'라 부르고 싶다.

현재 우리가 이용하고 있는 휴대폰은 충전 레벨이 낮아지면 경고 신호를 보낸다. 가정용 로봇 청소기도 충전 레벨이 떨어지면 스스로 충전기로 이동하여 충전을 한다. 이러한 현상이 어린 아이가 배가 고플 때 소리 내어 우는 것과 음식이 있는 곳으로 가서 먹는 것과 어떤 차이가 있는가? 개체 보존 본능을 실현하고 있다는 점에서 공통점이 있다고 볼 수 있다. 이미 우리 주위에는 유사 자아를 가진 AI가 보급되기 시작했다. 이런 AI 발전은 출현 60년 만의 일이다. 앞으로 100년 후가 되면 거의 모든 AI 기계들이 스스로 에너지를 공급받게 되는 유사 자아를 가지게 될 것이라는 예상은 어렵지 않게 할 수 있다.

이 대목에서 우리 인간은 머릿속이 복잡해진다. AI가 우리의 일자리를 빼앗는 것도 모자라 자아의식까지 가지게 된다면 어떻게 될까? 영화처럼 AI가 인간을 지배하는 일이 일어나는 것은 아닐지 걱정된다. 어떻게 하면 이런 일을 막을 수 있을까? 기술 발전을 중지시키면 될 것이다. 그러나 이 발전을 막을 수는 없다. 이미 전 세계적으로 기술과 자본이 결합하여 브레이크 없는 자동차가 되어버렸다. 국가 간, 기업 간에 경쟁하고 있다. 혹시라도 어느 나라가 AI 연구를 중단하면, 결국 외국 AI의 지배를 받는 꼴만 초래하게 된다. 그러면 차선책을 생각해야 한다. 어떻게 하면 인간과 AI가 평화롭게 공존하며 살 것인가 연구하는 것이다. AI가 인간과 비슷하게 유사 자아를 가지고, 인간의 일자리를 대신하게 되는 날에도 우리 인간은 인본주의 사회를 유지해야 한다.

지금도 컴퓨터를 잘 사용하는 사람이 좋은 성과를 내어 승진하고 리더로 성장한다. 미래 사회에서도 당연히 AI를 잘 활용하는 사람이 인정받고 리더가 될 것이다. AI를 잘 활용하기 위해서는 AI의 특성을 이해하고 존중하여 협동해야 한다. 지금도 회사에서 인정받는 사람은 동료·부하들을 존중하고 협조해서 좋은 성과를 낸다. 기존 사회에서는 생산도 인간이 하고 의사결정도 인간이 한다. 그러나 AI가 더욱 발전하게 되는 21세기 후반에는 생산은 AI가 하고, 인간은 놀면서 의사결정을 할 것이다. 생산자와 의사결정자가 불일치하게 된다. 이러한 부조화는 지속가능하지 못하다.

더욱이 인간은 골치 아픈 일은 안 하기 때문에 일부 지능은 쇠퇴할 것이다. 컴퓨터와 휴대폰이 나오면서 우리 인간의 계산력과 암기력이 얼마나 쇠퇴하고 있는지 실감하고 있다. 새롭게 창의적인 지능이 개발되기 전에는 인간의 우수성이 감소해 있을 것이다. 일은 AI가 하고 인간은 놀고먹으며 권한만 누리는 체제는 바뀌게 되어 있다. 스스로 바꾸든가 아니면 외부 힘으로 강제로 바뀌든가 하는 차이가 있을 뿐이다.

따라서 역설적이게도, 지금 21세기야말로 인문학의 중요성이 더욱 강조되어야 할 시대다. 인류의 역사는 인본주의 사회를 지키기 위한 발전 과정이라 할 수 있다. 도구가 발전하면서 그에 맞게 삶의 질서를 새롭게 정립하여 인간성을 보호해 왔다. 사상을 통해 변화를 주도하면 평화롭게 새로운 질서를 정착시킬 수 있다. 그러나 인간이 이 변화를 백안시하고 도구가 주도하게 놔두면, 혁명을 통해서 새로운 질서가 만들어질 것이다. 21세기를 사는 우리 인류가 해야 할 일은 명확하다. 거대한 물결처럼 밀고 들어오는 AI를 지혜롭게 받아들이고, 인간과 함께 공존하면서 평화롭게 살아갈 길을 연구해야 한다.

인문학은 인간에 대해 연구를 하며 인본주의 사상을 고양하고자 하는 학문이다. 우리 인간은 밀려오는 AI 물결 앞에 서 있다. 인간이라는 이유로 일은 안 하고 놀고먹으며 권리만 누리는 구조는 지속가능성이 없다. 인간과 AI가 공존하는 새로운 질서를 만들어 내야 한다. 이를 21세기 새로운 휴머니즘 2.0이라 부르고 싶다. 이러한 일은 인문학의 몫이다.

'새로운 길'을 걸어야 할 때다. 기존에 하던 걸 버리고 가는 것이므로 '현명하게 벗어나는 지혜'가 필요하다. 10년, 20년 뒤 인간이 원할 것을 예측해서 지금 제대로 시작해야 한다. 이를 위해서는 인문학이 필수다. 기술이 발전해 세상이 변해도 적용할 수 있을, '인간이 원하는 것'을 탐구하는 학문이기 때문이다. 기술의 발전은 막을 수 없다. 앞서 살핀 AI의 특징을 염두에 둔다면, 우리는 인문학 역시 AI 산업의 일부임을 자각하고 곧 다가올 AI시대에 선제적으로, 다방면으로 대응해야 할 것이다.

우리나라가 4차 산업혁명 시대를 선도하기 위해 주력해야 할 세 번째 산업은 의료바이오 산업이다. 의료바이오 산업은 환자를 치료하는 의사가 아니라 신약을 개발하는 의사과학자를 중심으로 하는 산업이다. 사스, 에볼라, 메르스, 코로나19 등 4년 주기로 출현하고 있는 감염병과 노령 인구 증가로 국가 의료비 부담이 가중될 것으로 예상된다. 특히 코로나19와 같은 신종 감염병 출현으로 촉발된 미래변화에 맞서 과학기술 기반 국가 미래전략 수립이 시급하다. 신종 전염병 출현의 가속화에 대응하기 위해 학문 간 융합연구, 중장기적 연구 풍토 조성, 그중에서도 연구개발R&D 의사과학자 양성에 집중해야 한다. 코로나19 대유행 때 우리나라가 백신이나 치료제를 만들지 못했던 것도 의사과학자가 없었기 때문이다.

의사과학자 양성은 국가적으로 필요한 부분이다. 코로나19 같은 전염병이 도는데도 국내 백신이나 치료제를 못 만들어서 해외 수입을 했던 실정이다. '연구'를 안 해서 일어난 일이다. 의료 연구는 생화학·생물학·물리학·화학을 전공한 학자들도 할 수 있지만 여기에 '의사'도 필요하다. 매년 국내 의대에서 약 3,300명 정도의 의사를 배출하는데 의사과학자는 거의 없다. 백신이나 의료

기기를 도입할 때는 인체반응을 알기 위해 의사가 필요한데 국내엔 이런 인력이 턱없이 부족하다. 미국의 사례를 보면 의대 졸업생의 10~20%는 산업계 의료직으로 진출한다. 산업계에 더 좋은 급여와 기회가 있다고 보기 때문이다. 노벨상을 받는 생화학자 셋 중 한 명이 의사고 외국 유명 제약회사 연구직의 셋 중 한 명도 의사다. 정부에서도 10여 년 전부터 MD-PhD ^{의사과학자} 과정을 만들어 연구직으로 가면 장학금을 준다고 했지만 지원자가 없었다. 바이러스는 계속해서 변종이 나타나는데 그때는 어떻게 하나.

의료바이오 산업에 주목해야 하는 이유를 비유로 설명해보자. 국내 산업 지형을 산에 비유해보면, 반도체와 자동차, 조선 등이 높은 산이다. 우리는 그 산에 올라가서 먹거리를 만들어내고 있다. 그러나 우리가 잘 아는 산에만 올라가다 보니 뒤에 에베레스트라는 큰 산이 있는지 모른다. 의료바이오 산업이 바로 그것이다. 그곳에 오르면 신약과 약품, 의료기기가 있다.

국내 병원에서 사용하는 기기 중 국산 비중은 10%밖에 안 된다. 잘 알려져 있지 않지만, 의료바이오 산업은 국내 반도체나 자동차 산업보다 두 배 크다. 전 세계적으로 볼 때 반도체 시장 규모는 6천억 달러 정도인데 의료바이오 산업은 약 2조 달러나 된다. 한국은 전 세계 의료바이오 시장의 1% 정도를 차지하고 있을 뿐이다. 의사과학자가 배출되어야 이 시장을 노릴 수 있다.

게다가 우리나라는 이미 반도체, 제철, 조선, 자동차의 경우 100점 만점에 97점, 98점을 받는 수준이다. 여기서 더 잘하기는 무척 어렵다. 반면 현재 의료바이오는 40점~50점밖에 되지 않는다. 여기서 70점~80점으로 올리는 것은 비교적 쉽다. 성장 가능성과 잠재력이 아직 무궁무진하다는 말이다. 의사과학자를 배출해 제약·바이오 산업을 일으키면, 궁극적으로 한국에서도 화이자, 모더나, 아스트라제네카 같은 다국적 제약사가 탄생할 수 있다. 의사는 평생 기껏해야 수만 명을 치료할 수 있지만 의사과학자는 수억 명의 사람을 치료할 수 있다. 의사과학자 양성을 통한 국부 창출의 기회를 잡아야 한다.

3. AI 혁명과 미래산업을 위해서
대학이 가야 할 길

한국의 미래를 책임질 산업을 키우기 위하여 전력질주를 해야 한다. 우리나라가 AI 혁명 시대를 선도하려면 정부와 대학의 역할이 중요하다. 정부와 대학이 중점적으로 추진해야 할 가장 시급한 과제는 AI 혁명 시대에 맞는 인력 양성이다. 현재 우리 사회에 청년 실업자가 많은데 이는 교육이 부실해서 그렇다. 회사에서 필요한 내용을 교육받지 못한 것이다. 한편, 기업에서는 사람을 못 구한다고 난리다. 인력시장에는 사람이 넘쳐나지만 필요하지 않은 사람이 많다. 구인난과 구직난이 동시에 심각한 기이한 상황에 빠진 것이다. 이는 전공과 일자리가 일치하지 않아서 나타나는 미스매치 현상으로 대학의 학과별 정원 조정이 시대 흐름을 따라가지 못하기 때문에 발생한다.

필요하지 않은 사람이란 사회에서 원하는 공부를 하지 않은 사람이다. 원하는 공부란 게 무엇이고, 몇 년을 해야 할까? 일반적인 4년제 대학을 생각했을 때, 전공 지식을 쌓는 시간만 따지면 3년 정도일 것이다. 달리 말하면, 3년간 다시 사회가 원하는 공부를 하면 자기 자신을 바꿀 수 있는 것이다. 모든 사람이 3년을 다시 투자해 공부하면 사회가 원하는, 필요한 사람이 될 수 있다면, 그게 바로 국가에서 할 일이다. 그런데 대졸자는 이미 대학을 다니면서 기본적으로 전공이수를 했기 때문에 1년이면 다른 전공이 가능하다. 1년간 집중적으로 사회에서 필요한 전공을 공부하면 사회가 필요한 인력으로 거듭날 수 있다. 그러한 교육 프로그램을 많이 만들어야 한다.

카이스트는 이미 이러한 제도를 도입해 확대 추진하고 있다. 현재 카이스트는 반도체설계교육센터 IDEC 에서 개설한 반도체설계 교육프로그램을 운영하고 있다. 4개월 동안 일주일에 5일, 매일 6시간씩 강행군으로 이론을 배우고 실습하는 과정이다. 교육 장소는 화성시가 동탄역 롯데백화점 지하에 마련해주고, 실습 장비와 교육비는 산업통상자원부가 지원해주었다. 또 37개 반도체 설계회사가 컨소시엄 형태로 참여하여 학생들에게 현장 실무를 소개해 줬다.

카이스트는 성실하게 공부를 마치고 시험에 합격한 학생들에게 마이크로학위 micro degree 를 수여했다. 1기 입학생 80명 중에 62명이 모든 과정을 통과하여 학위증을 받게 됐다. 4개월 만에 어떻게 반도체설계 교육을 다 마칠 수 있느냐는 의문은 기우였다. 반신반의하던 반도체 회사들이 학생들의 실습 실력을 보자, 사원으로 뽑아가기 위해 접근하기 시작했다. 마지막 수료식 날에는 거의 모든 학생이 회사와 취업 절차를 진행하고 있었다. 이런 사실이 소문으로 알려지자 2기에는 지원자가 더 많아졌다.

이처럼 배우려는 열망에 응답하기 위해서 카이스트는 인공지능 AI ·소프트웨어 SW 와 반도체 관련 분야에 1년짜리 '마이크로학위'를 신설했다. 대학 차원에서 정부의 대학 정원 제한에 영향을 받지 않는 방식으로 국내에 부족한 융합형 인재를 양성하고 급격해진 디지털 경제 도래의 가속화와 앞당겨진 산업계의 디지털 전환 흐름에 대응할 것이다. 현재는 대학 정원이 제한돼 있는 상황이다. 경직된 학과 간 정원으로 인해 대학이 우리나라 사회에서 필요한 인재를 길러내지 못하고, 산업계는 인재 부족 문제를 호소하고 있다.

카이스트에서 도입한 '마이크로학위'는 미니 석사과정과 비슷하다. 마이크로학위 과정으로 학생에게 대학원의 정규 석사 전공 과정과, (일반인을 대상으로 하는) '최고경영자CEO 과정'으로 나오는 수료증의 중간 정도에 해당하는 학위를 준다. 마이크로학위는 특정한 기술 역량과 직무 수행능력을 포함하는 전문성을 얻을 수 있도록 구성된 고등교육을 이수했음을 증명하는 제도로, 기존 대학의 학사·석사·박사 등 정규학위 제도와는 구별된다. 통상적인 대학원의 석사학위 교육 과정은 일반적으로 2년간 전공 수업을 듣고 학점을 이수해야 졸업할 수 있지만, 카이스트에 도입될 마이크로학위는 그보다 짧은 1년짜리 과정으로 운영된다.

수강 자격은 다양한 전공의 일반대학 이공계 4년제 대학 졸업자로 한다. 반도체 분야에는 여러 분야의 인력이 필요하기 때문에 다양한 이공계 교육을 받은 사람이 더욱 좋다. 이들은 이미 기초 교양과목과 전공 공부를 했기 때문에 바로 반도체 관련 교육을 받을 수 있다. 수업은 온오프라인으로 진행되며, 정규 수업처럼 시험을 보고 학점을 받고, 실험실습을 철저히 한다. 교수 요원은 학내 전공 교수와 기업체 전문가의 도움을 받아 충원하였다.

이상의 조건을 만족하여 학위를 받기 위해서는 약 10개월 정도의 교육 기간(두 학기)이 필요하다. 지금 정규 학생을 선발하여 교육하면 졸업까지 4년이 걸리고, 또 병역까지 마치려면 약 6년 후에야 산업 현장에 투입할 수 있다. 그러나 마이크로학위 과정은 대졸자를 대상으로 가르치기 때문에 1년 후면 현장 투입이 가능하다. 이 제도는 대학 학과별 정원의 경직성을 보완할 수 있다고 생각한다. 나아가 학생은 대학을 5년 다녀서 원하는 전공으로 졸업하는 효과를 얻을 수 있다.

외국의 주요 마이크로학위 운영 사례로 미국 MIT가 운영 중인 'MITx 마이크로마스터' 프로그램이 있다. 이는 대규모 온라인 학습MOOC인 'MIT 오픈러닝'의 강의를 듣는 전 세계 수강생들에게 학습 이력과 시험 기반의 인증을 거쳐 비정규 학위 인증서와 학점을 부여한다. 수강생은 MITx 마이크로마스터 프로그램 이수 학점을 MIT와 제휴한 각국 대학의 석사과정에 진학할 때 정규학점으로 인정받아 석사학위를 조기에 취득할 수 있다. 현재 우리 사회에는 인문학 분야 전공자 가운데 취업에 어려움을 겪는 사람이 많다. 이들을 대상으로 6개월이나 1년만 AI·SW를 가르치면 산업계에서 필요로 하는 좋은 인재로 거듭날 것이다.

카이스트에서 시범적으로 운영하는 마이크로학위 과정을 다른 대학에도 많이 적용해서 1년에 1천~2천 명씩 인재를 길러내야 한다. 이런 교육프로그램을 대학교에 만드는 데 정부가 적극 지원해야 한다. 교육부와 고용노동부가 합심해서 1년에 몇만 명씩 길러 내야 한다. 한 학기 배우는 데 등록비가 예컨대 500만 원 들어간다면, 정부는 청년수당을 주지 말고 학비를 지원해 주고 수료를 못 하면 지원하지 않는 식으로 하면 된다.

AI 혁명 시대에는 모든 것이 인력이다. 물론 대학도 연구중심 대학은 세계 최고 경쟁을 위해 열심히 뛰어야 된다. 하지만, 모든 대학이 그럴 수는 없으니 그렇지 않은 대학은 사회에서 필요한 인력을 키우기 위해 봉사해야 한다. 이는 앞서 언급한 대로, 우리 산업계에 필요한 인재를 육성하고, 실업자를 구제해주고, 구인 난이 해소되어 기업에도 좋은 일이다.

다음으로 필요한 인재는 의사과학자이다. 디지털 헬스 자체는 앞으로 중요해질 수밖에 없다. 환자 데이터를 기반으로 AI가 진단에 도움을 줘 개인 맞춤형 의료 시대를 연다. 그동안은 의학과 디지털을 이분법적으로 나눠 생각했는데, 이를 합치면 새로운 길이 열린다는 것을 사람들이 조금씩 느끼고 있다. 애초에 디지털의 장점은 기존 학문, 분야를 강화하는 것에 있다. 문제는 이에 발맞춘 인력 양성이다.

필자는 카이스트 총장 취임 초기부터 연구하는 의사, '의사과학자' 배출을 위한 의학전문대학원 설립을 강조했다. 지난 코로나19 시기 최대 현안은 백신 확보였다. 왜 이런 일이 벌어졌는지를 살펴봐야 한다. 미국의 경우 대학에서 기본 아이디어가 나오고 기초 기술을 연구한다. 연결된 병원과 임상시험을 진행한다. 모더나, 화이자 같은 기업은 이를 상용화한다.

우리나라는 대학과 병원이 완전히 분리돼 있다. 의과대를 보유한 학교에서 의과대 교수와 공과대 교수가 같이 연구하는 모습이 흔하지 않다. 의대 졸업자가 셀트리온 같은 회사에 가는 경우도 거의 없다. 벽이 쫙 갈라져 있기 때문이다. 셀트리온 같은 회사에 의사가 몇 명이나 있을까. 화이자엔 의사가 수없이 많다. '굳이 의사를 둬야 하냐'는 지적이 있는데, 의료 데이터에 접근하기 위해 의사면허증이 있어야 한다. 의사 커뮤니티에 속해야 그들과 실험도 같이할 수 있다. 이런 연구는 의사가 해야 하며, 이것이 '의사과학자'가 필요한 까닭이다.

정부는 이전부터 연구하는 의사의 필요성을 인식해 기존 의대에 연구중심 의사과학자MD-PhD 프로그램을 만들었다. 신청하면 장학금을 받는 조건이 붙는데, 신청자가 거의 없다. 서울대 의대에서 매년 135명이 졸업하는데 의사과학자 지원자는 1~2명뿐이다. 축구로 비유하자면 중간에 패스를 잘해주는 사람이 없는 상황이다.

현재 카이스트에서는 의과학대학원을 운영 중이며 이미 200

여 명의 의사과학자를 양성했다. 의과학대학원은 의사가 된 뒤에 대학원에 와서 연구를 하는 것으로, 이미 여기에 전문의를 취득한 의사들이 와서 연구 중이다. 이들은 다시 임상의로 돌아가도 병원에서 연구를 이어나가기 때문에 의과학대학원의 소기 목적에 비추어 성공한 측면이 있다. 대학병원에서 연구하는 의사는 의과학대학원에서 길러냈다. 다만 아쉬운 점은 이들은 이미 나이가 들었기 때문에 가능성도 그만큼 줄어들었다는 것이다. 의사 면허를 따고 대학원에 오면 나이도 들고 결혼도 해 짊어진 게 많아진다. 위험을 감수하기 어렵다. 젊은 학생들이 좀 더 일찍 연구에 뛰어들어 재미를 붙이도록 육성해야 한다. 연구하는 의사도 종류가 여러 가지다. 이제 환자 치료보다 연구가 먼저인 의사, 창업하는 의사를 길러내야 한다. 이들이 회사도 창업하고 다양한 미래를 열어갈 수 있도록 길러내야 한다.

이를 위해 절실한 것이 과학기술의학전문대학원(과기의전원)이다. 카이스트 과기의전원 학생은 4년간 의학과 과학을 3대 1 정도로 배워 의사가 되고 이후 3년간 공학박사과정을 이수하도록 할 계획이다. 의료계 일각에선 카이스트에 의대를 신설하는 것을 탐탁지 않은 시선으로 바라본다. 하지만 카이스트와 기존 의대는 지향이 다르며 서로 윈-윈의 상생관계가 될 것이다. 기존 의대에서는 의사를 배출하고 카이스트는 연구역량을 지원하는 역할을 맡을 것이기 때문이다.

더구나 비즈니스 모델도 다르다. 대학은 등록금을 받고, 대학병원은 환자를 봐야 월급을 주고 기관을 운영할 수 있다. 그런데 카이스트는 정부에서 예산으로 받는 돈이 예산의 22~23%에 불과하다. 나머지는 연구과제를 수주해서 번다. 교수가 연구비를 따오면 학교가 일부를 떼서 학교를 운영한다. 카이스트 의전원도도 같은 방식으로 할 것이라 환자를 보지 않고도 운영할 수 있다. 과기의전원 교수 역시 연구능력과 실적을 위주로 뽑을 것이다. 연구과제를 수주하고 논문을 쓰면서 의대를 운영하는 것이다. 하버드 의대 매사추세츠종합병원 MGH 이나 메이요 클리닉도 모두 그런 연구중심 의대이고 병원이다.

카이스트는 이미 연구중심 대학이어서 이것이 바로 가능하다. 포스텍이나 서울대 공대도 마찬가지라고 본다. '또 다른 의사'가 아닌 의사과학자를 양성하는 것이 카이스트의 목표다. 글로벌 바이오헬스 산업을 선도할 인재를 고르게 배출할 계획이다.

4. 나가며 : AI시대 한국 대학 제도의 방향

글을 맺으며 한국 대학 제도 전반에 몇 가지 제언을 하고자 한다. 첫째, 오늘 우리 학생들이 살아야 할 미래에는 지식이 많은 사람은 AI에 밀려나고, 창의성이 뛰어난 사람이 사회를 주도할 것이다. 창의 인재를 기르려면 학교가 자유로워야 한다. 그러려면 학교마다 자율성을 가지고 독특한 교육철학에 따라서 운영해야 한다. 정부는 각 학교의 교육철학을 존중해야 하고, 공표한 교육 방침에 따라 운영하고 있는지 평가만 하면 된다. 개인의 은행신용은 각 개인이 관리하고 있듯이 각 학교의 신용도 각자 관리하게 해주어야 한다. 정부는 각 학교의 신용에 따라서 인센티브를 주면 된다.

카이스트의 사례를 예로 들면, 카이스트는 현재 학과별 정원을 폐지하고 모든 학생이 원하는 전공을 자유롭게 선택하도록 맡긴다. 또한 시험에서 학생들은 스스로 문제를 만들고 해결하는 기회를 받는다. 학생들은 자기만의 질문을 던지고 스스로 답을 찾는 훈련을 한다. 이는 수업을 완벽히 이해하지 않으면 어려운 과제로서 학생의 이해력을 확인하고 창의력을 키우는 데 효과적이다.

둘째, 수능은 기초학력 테스트에 충실해야 한다. 어려울 필요가 없다. 당연히 교과서 범위 내에서 내야 한다. 못 맞추게 하려고 비비 꼬아서는 안 된다. 교과서를 충실하게 공부했으면 만점 맞게 해주어야 한다. 만점자 나온다고 출제자의 자존심이 상하는 것이 아니다. 킬러 문제가 없어지면 변별력이 떨어진다는 우려가 있다. 하지만 이런 우려는 천 명 이내의 최상위권에 해당할 뿐, 정작 숫자가 많은 중위권 변별력에는 역행한다.

2023학년도 수능 응시자 44만 7천 명 중에 단 3명이 전 과목 만점을 받았다. 최근 3년간 자료를 보면 만점자는 약 0.0007%에 해당한다. 그러나 우리의 수능에 해당하는 미국의 SAT는 170만 명이 응시하여 천 명 이상이 만점을 받아, 약 0.07%에 이른다. 100배 차이가 난다. 미국처럼 생각하면 우리나라에 만점자 300명이 나와도 하나도 이상할 것이 없다. 미국 SAT가 이렇게 쉬워도 잘 작동하는 이유는 SAT의 역할이 기초학력 테스트에 한정되기 때문이다.

셋째, 대학에 입시 자율권을 주어야 한다. 수십만 명이 응시하는 수능 시험은 창의성 판별에 적합하지 않다. 현재 변별력 논쟁은 수능으로 모든 평가를 대신하려 하기 때문에 생긴 문제다. 수능은 기초학력 테스트로 만족하고, 그다음은 대학별 교육철학에 맞는 입시를 하게 해주면 된다.

예를 들어, 수능을 60%, 대학별 평가를 40% 반영하는 대학이 생길 수 있다. 정부는 대학이 각자 선발 기준을 공표하고, 그에 맞게 입시를 하는지 평가하기만 하면 된다. 이것이 현재의 문제도 해결하고 미래에 대응하는 방법이라 생각한다. 현재는 교육부가 '성적순'으로 학생을 선발하도록 대입 제도를 촘촘히 규제하니까, 우리나라 대학엔 서열만 있고 특색이 없다. 학생들이 알아서 성적순으로 입학한다. 대학의 선발 자율권을 확대하면 각 대학도 학생에게 어필할 수 있는 특색을 찾으려고 알아서 경쟁할 것이다. 수능 성적보다 중요한 기준이 생기면 수능 비율은 줄고 자연스럽게 자격고사화 된다.

대학이 선발을 엉망으로 하면 그 결과를 평가해 페널티를 주면 된다. 일반인도 신용이 떨어지면 금융 서비스 이용에 제한이 생길까 봐 신용 관리에 힘쓰는 것처럼, 대학도 마찬가지로 '사후 페널티'를 주면 각자의 선발 신용 관리에 힘쓸 수밖에 없다. 지금은 교육부가 모든 대학을 신용불량자 취급하고 있다. 선발 전부터 이런저런 규제를 꼼꼼히 적용한다. 이제 정부는 대학을 믿고 자율권을 줄 때가 되었다고 생각한다. 각 대학이 자율성을 가지고 특성에 맞는 학생을 뽑기 시작하면 수능 만점 300명이 나올 정도로 쉬워도 문제없고, 공교육 왜곡도 줄어들고, 킬러 문제도 사라질 것이다. 그리고 더욱 큰 수확은 그 길이 바로 미래 AI시대에 맞는 창의 인재 양성의 길이라는 점이다.

학생은 꿈을 찾으면 스스로 나아가는 존재다. 꿈을 키운 학생은 미지未知의 산업을 향해서 질주한다. '산업이 없는데 학생을 졸업시키면 실업자만 만드는 것이다'라는 비판이 종종 나온다. 하지만 이는 틀렸다. 인재가 산업을 개척하고 일으키는 것이다. AI 혁명 시대에, 정부는 대학을 믿고, 대학은 학생을 믿어 미래를 개척해야 한다.

3장

문명전환기 미래충격과 대학혁신

박명규

1. 들어가며: 일상화된 미래충격

스마트폰으로 세계여행을 계획하고 각종 업무를 처리하며 친구들과 잡담을 나누는 시대다. 언제 어디서든 연락할 수 있고 접속할 수 있는 초연결 상황이 주는 놀라운 기회들을 너나없이 누리며 살고 있다. 인터넷에는 다양한 정보들이 넘쳐나고 실시간 소통범위가 무한정이어서 평범한 개인이 일약 '셀럽'이 되기도 하고 난공불락의 위세를 자랑하던 유명인이 하루아침에 곤경에 처하기도 한다. 자신의 생각과 감정을 자유로이 표출하고 공유할 수 있는 SNS 플랫폼이 바로 그 편리성과 공감능력으로 인해 가짜뉴스와 혐오감정의 진원지로 변모하는 경우도 드물지 않다. 디지털 환경은 우리의 편리한 삶에 필수적인 조건이 되었지만 그에 못지않은 불안정과 문제들도 야기한다.

앨빈 토플러는 급격한 기술변화에 제대로 적응하지 못해 겪는 긴장을 '미래충격'이라 불렀다.[1] 사무자동화에 적응하지 못해 당혹해하는 직장 상사나 키오스크 주문에 어려움을 겪는 식당 손님의 곤경은 일상에서 겪는 미래충격의 작은 사례다. 막강한 영향력을 자랑하던 언론방송사가 1인 미디어의 정보 파급력 앞에 동요하는 것이나, 온라인 시장의 급증에 어떻게 대처해야 할지 고민하는 유명 쇼핑몰의 처지도 그 전형적인 사례에 해당한다. 레이 커즈와일은 유전공학, 나노공학, 로봇공학 세 첨단기술의 발전으로 기존의 방식으로는 대응하기 어려운 심대한 변곡점, '특이점'이 오고 있다고 주장한다.[2]

2023년 7월 11일, 인류세 워킹그룹과 막스 플랑크 연구소는 오랜 기간 안정적 기후조건을 제공해온 홀로세 시대가 끝나고 새로운 지질학적 단계로의 전환이 진행 중인 과학적 근거를 확인했음을 발표했다. 폴 크뤼첸에 의해 제안된 인류세 개념이 받아들여지고 지구생태계의 대전환이 초래할 위기에 대한 전문가들의 우려가 고조되면서 파국, 멸절 같은 암울한 경고성 논의들

1 앨빈 토플러 저, 이규행 역(1989), 《미래 쇼크》, 한국경제신문사.
2 레이 커즈와일 저, 김명남·장시형 역(2007), 《특이점이 온다》, 김영사.

도 등장하고 있다.[3] 지구 곳곳에서 대형 산불, 지진, 화산, 폭우, 폭염, 홍수, 전염병 등의 재난을 목격하며 일반인들 역시 기후위기의 심각성을 체감하기 시작했다.

그런가 하면 챗GPT 사태에서 보듯 새로운 인공지능의 출현이 이전과 다른 기회와 가능성을 높여주리라는 기대도 커진다. 긍정적일지 부정적일지 불확실한 특이점이 오고 있다는 전망 자체가 미래충격의 심각성을 말해준다. 무언가 낯선 미래가 다가오고 있다는 실감을 일상 속 미래충격을 통해 모두가 느끼고 있는 중이다.

2. 제도지체와 교육 위기

미래충격은 개인의 일상을 혼란스럽게 하는 데 그치지 않고 사회제도에도 심각한 기능장애를 가져온다. 달라진 기술환경이 오랜 관행의 필요성과 효율성을 뒤흔들어 놓기 때문이다. 지금껏 당연시되던 절차가 흔들리고 안정감과 정당성의 기초가 되던 방

---

3   김홍중(2019), "인류세의 사회이론 1: 파국과 페이션시", 〈과학기술학연구〉
     19-3.

식들이 낡은 장애물로 전락하기도 한다. 문명대전환에 기민하게 대응하지 못하는 제도의 지체 현상은 미래충격의 또 다른 모습이다.

교육 현장의 위기, 학교의 기능장애는 이런 제도지체를 가장 뚜렷하게 보여주는 전형적 사례다. 한국의 교육제도는 압축성장을 뒷받침한 핵심 기제였고 인생 성공을 보장하는 출세의 사다리였다. 그 정점에 있는 대학은 인재 양성, 직업 선택, 인생 설계, 행복 추구의 중요한 제도로 자리 잡았고 개인과 가족, 사회의 역동성을 보장하는 기틀이었다. 하지만 기존의 성공방정식은 한계에 봉착했고 대학졸업장의 가치는 점점 약화되며 학교 교육에 대한 신뢰도 현저히 떨어지고 있다. 총체적 문명전환의 시기에 교육제도의 방식과 내용에서 나타나는 지체 현상을 대학을 중심으로 살펴보기로 한다.

1) 인공지능 시대의 정답 찾기 교육

챗GPT-3.5 출시로 촉발된 생성형 인공지능의 파급력은 우리의 예상을 뛰어넘어 모든 영역에 메가톤급 충격을 가져오고 있다. 챗GPT는 2022년 11월에 오픈AI사에 의해 출시된 후 불과 수개월 만에 전 세계로부터 억대의 가입자가 생겨날 정도로 관심을 모았다. 곧이어 구글의 바드Bard를 비롯하여 전 세계적으로 인공지능의 개발 경쟁이 가속화되고 마이크로소프트사는 인터넷 검색 및 다른 소프트웨어와 연동시키는 서비스를 내놓았다. 검색이나 지식 전달의 단순기능을 넘어 인간 고유의 영역이라 여겨졌던 이미지 제작, 소설 창작, 알고리즘 개발까지 처리하는 능력을 보이면서 관련된 직업군에 어떤 영향을 미칠지 지구적 관심거리가 되고 있다. 기계와의 의사소통에 아무런 조작기술이 필요 없는 이 인공지능은 스스로 평가와 판단을 내릴 수 있는 일반 인공지능GAI의 도래를 상징하는 사건으로 받아들여지기도 해서 빅데이터, 사물인터넷 등 새로운 기술혁신과 결합하여 앞으로 가져올 사회적 변화가 심대할 것은 분명하다.

전 세계적으로 확산된 디지털 환경과 기하급수적인 성장을 보인 데이터의 보관, 처리 역량으로 인해 지식을 축적, 공유, 활용하는 방식이 근본적으로 바뀌고 있다.[4] 책과 도서관이 디지털 파일과 대형 클라우드 장치로 바뀌었고 사람들의 정보활용 방식도 검색과 편집을 중심으로 재편되는 중이다. 단순한 기억력이나 정보 소유는 더 이상 고유한 능력으로 인정받을 수조차 없게 되었다. 개방형 인터넷 백과사전 위키피디아의 파급력과 함께 오

---

4   니콜라스 네그로폰테 저, 백욱인 역(1999),《디지털이다》, 커뮤니케이션북스.

랜 명성을 지녀온 브리태니커 백과사전의 인쇄본 출간이 중단된 것은 이런 변화를 상징적으로 보여준다. 언제 어디서나 무엇이든 접속하고 연결하며 소통할 수 있는 기술환경이 확장되면서 정형화된 일처리나 오랜 경험에 기반한 숙련성도 그 유용성이 현저히 감소한다. 이런 변화에 낯선 기성세대의 위상이 추락하는 것은 물론이고 젊은 세대에게 요구되는 자질과 능력도 과거와는 현저하게 달라지고 있다.

당연히 교육의 내용에도 큰 변화가 불가피하다. 하지만 학교는 오랜 제도적인 관성으로 인해 여전히 정답 찾기 교육 패러다임을 벗어나지 못하고 있다. 과거의 경험과 기성세대의 생각이 교육의 방식과 내용에 지속적인 힘을 행사한다. 특히 한국사회에서 교육의 지체 현상이 뚜렷하다.

한국의 교육은 대학 진학을 최종 목표로 하는 위계적 교육제도에 기반하고 있다. 초등학교와 중·고등학교는 모두 좋은 대학으로의 진학을 위한 준비과정으로 간주되어 입시교육에 초점이 맞추어져 있다. 따라서 정답이 있고 정형화 가능한 문제풀이식 교육에 학생도 교사도 전념하지 않을 수 없다. 객관화된 수능성적은 대학 진학을 좌우하는 공식 지표가 되고 대학과 학과 역시 입학성적순으로 서열화되고 더 좋은 대학, 더 좋은 학과로의 진학이 모든 교육의 공통된 목표가 되며 젊은 세대의 인생 전반을 좌우하는 조건이 되고 있다.

챗GPT와 위키피디아의 시대에 이런 정답 찾기형 교육은 마치 컴퓨터를 활용하는 학생들에게 타이핑 실력을 강조하는 격이다. 수동적인 암기중심의 모범생들을 양산하는 이런 시스템은 초연결성의 새로운 환경에서 탁월한 역량을 발휘할 인재를 키워내는 데 한계를 보인다. 이른바 모범생 기질, 온순하고 수용적이며 권위에 순응하는 유형이 좋은 대학에 진학하고 사회의 엘리트층으로 진출하는 경향이 점차 강화되면서 실패를 두려워하지 않는 도전형 창의형 인재가 부각되지 못하는 문제도 적지 않다.

수능 문제 한두 개에 인생 진로가 좌우되고 그 정답 맞추기를 위해 값비싼 사교육에 의존해야 하는 오늘의 현실은 교육 현장의 시대착오성을 전형적으로 보여준다. SKY 대학이나 의과대학 진학을 위해 재수, 삼수를 선택하고 학벌이 평생의 신분적 지표처럼 작용하지만 정작 그 과정에서 배우고 익히는 것은 21세기에 필요한 능력과는 거리가 먼 교과서적 지식이다. 일각에서는 애플의 창시자 스티브 잡스가 대학에서 자퇴했던 것을 자기 인생 최대의 잘한 결정이라고 주장했던 것과 유사한 대학무용론이 부상할 조짐을 보인다.

새로운 기술환경은 직장의 형태와 노동의 조건에 심대한 영향을 미친다. 평생직장이 사라지고 노동방식이 유연해지며 젠더관계가 변화하고 새로운 형태의 양극화도 심화될 가능성이 높다.[5] 달라진 고용환경에 적응하면서 자신만의 기회를 찾아내는 역량을 키우는 데에도 현재의 교육은 성공적이지 못하다. 초연결성과 네트워크의 시대에 가장 중요한 덕목이라 할 소통 능력과 신뢰 자산 대신 오늘 한국의 대학은 자신만 중시하는 이기적이고 고립된 인간을 키우고 있다.

일생을 거쳐 여러 직장을 옮겨야 할 가능성이 높아지는 상황에서 특정 대학과 학과의 졸업장에 올인하는 시스템은 평생교육을 시행하고 지속적 적응력을 키우는 데 장애물이 될 수 있다. 필요한 전문성을 키울 다양한 대안들, 평생교육, 열린교육, 내부전문교육이 광범위하게 확대되고 기존의 캠퍼스형 대학과 질적으로 다른 새로운 교육방식과 제도가 출현하는 것에 관심을 갖지 못하는 것도 큰 문제다. 미네르바대라는 국제적 온라인 대학이 큰 인기를 끄는 것도 이런 교육지체 현상에 대한 한 반작용이라 할 것이다.

---

5   강이수(2018), "4차 산업혁명과 디지털 성별격차", 〈페미니즘 연구〉 18-1.

2) 복합적 문해력을 막는 장벽 속 전문성

제레미 하이먼즈는《뉴파워》라는 책에서 21세기는 신권력의 시대가 되리라 주장한다.[6] 구권력은 전문성, 전문가주의를 특징으로 하고 경쟁, 배타성, 기밀유지, 관리주의, 공식성을 주요한 가치로 강조하는 데 비해 신권력은 창작 문화나 DIY 방식으로 특징지어지는 비공식적인 소통, 공감, 협력, 집단지성, 투명성 등의 가치를 중시한다. 미래에는 모든 영역에서 구권력이 신권력으로 이행할 것이며 기존의 전문화, 기술주의, 효율주의, 분과학주의에 맞추어진 특성과는 현저하게 다른 역량이 요구된다. 인공지능과 빅데이터, 초연결성이 가져오는 범용지식과 정보홍수 속에 특정 분야에 한정된 지식이나 경험의 힘은 급속히 약화되기 때문이다.

앞으로의 고급인재는 공동체가 당면한 어려운 문제들을 해결할 전문적 능력을 갖추어야 한다. 그러려면 이미 존재하는 정답이나 주어진 과제에 안주하는 소극적인 태도로는 불충분하다. 팀워크와 커뮤니케이션 능력을 등한시하는 사람도 큰 역량을 발

---

6   제레미 하이먼스·헨리 팀즈 저, 홍지수 역(1999),《뉴파워: 새로운 권력의 탄생》, 커뮤니케이션북스.

휘할 수 없다. 젊은 시기에 획득한 자격증과 졸업장을 과신하지 않고 지속적인 학습과 업데이트 훈련을 마다않는 적극적인 자세가 요구된다.

특히 첨단기술의 영향을 이해하고 적절한 활용법을 모색할 수 있는 기술적 문해력은 필수불가결한 능력이다. 인간의 몫이라 생각했던 정보처리, 분석, 판단, 선택의 영역을 급속하게 침범하고 있는 첨단기술의 역할과 파급력에 대한 이해력 없이는 현실을 이해하기도 미래를 설계하기도 불가능하기 때문이다.[7] 인류세라는 새로운 지질학적 시대구분도, 위험사회와 재난대비의 정책도 기후변화와 생태환경에 대한 과학기술적 시각을 수반하지 않으면 전문적 대응이 불가능하다. 정치인, 행정가, 종교인, 교육자, 기획자들이 자연과학 지식과 기술공학적 변화를 제대로 이해하지 못하면 현재와 같은 지도력을 행사하기 어려운 시대가 이미 눈앞에 다가왔다.[8]

하지만 한국의 대학은 여전히 구권력의 패러다임에 기반한 인간형을 키워내고 있다. 세분화, 전문화, 기능화, 효율화의 진전과 그에 따른 제도적 힘이 강하게 작용하고 있기 때문이다. 학과 편

---

7 김환석(2016), "사회과학의 물질적 전환을 위하여", 〈경제와 사회〉, 112.
8 이경호(2019), "4차 산업혁명시대 인재상 분석을 통한 교육과제 탐색", 〈한국교육학연구〉 25-2.

제, 커리큘럼, 학생 선발, 평가 시스템 등 대학과 관련한 모든 기존방식은 창의성보다 효율성, 상상력보다 전문성을 강조하는 데 친화적이다.

그 바탕에는 산업시대에 정형화된 분과별 전공이라는 제도적 틀이 자리한다. 문과와 이과가 구별되고 학과별 장벽은 높아 전공 간 소통도 원활하지 않다. 기초교육과 전공교육이 이원화되어 있고 교양교육은 부차적인 것으로 간주된다. 전통적인 철학, 미학, 문학, 역사분야는 첨단기술의 영향에 대한 문해력이 턱없이 부족하고 물리, 화학, 생물 분야는 인간과 사회에 대한 이해력에 관심이 적다. 그 결과 대학에서는 교양이 부족한 전문가, 공동체 전체를 사고하지 못하는 특수기능인이 양산되는 경향이 적지 않다.

21세기는 개별 국가 차원에서 해결할 수 없는 인류 공통의 난제들이 급증할 것으로 전망된다. 지그문트 바우만은 인류가 부딪친 양극화, 정서불안, 희망 부재로 인해 부정적인 미래로 퇴행할 가능성을 우려했고 유발 하라리는 핵무기, 기후위기, 생명공학의 영향이 인류를 전례 없는 갈림길에 서게 할 것이라 보았다.[9]

---

9   지그문트 바우만 저, 정일준 역(2018),《레트로토피아》, 아르테; 유발 하라리 저, 전병근 역(2018),《21세기를 위한 21가지 제언》, 김영사.

생명공학과 나노기술의 발달이 인간복제와 DNA 조작, 맞춤형 아기, 기계인간을 구현할 때, 그리하여 헉슬리가 그렸던 '멋진 신세계'가 도래할 기술적 조건이 마련되었을 때 어떤 대응을 해야 할지를 결정할 책임 있는 인재들이 성장하고 있는지 불확실하다. 지구생태계가 심대한 위험에 처한 상황을 직시하면서 기존의 성장, 발전, 효율의 패러다임을 벗어난 리더십과 엘리트의 출현이 절실한 상황인 것이다.

전공영역의 장벽이 높고 과학기술과 인문사회 분야가 이원화되어 있는 대학 제도가 이런 복합적 대형 난제를 해결할 주체가 되기는 어렵다. 핵전쟁에 대한 우려가 다시 커지는 가운데 핵확산 금지에 관한 국제협약과 국제기구의 역할이 충분치 못한 것도 인문사회 전문가와 과학기술 전문가 사이에, 안보전문가와 핵공학자 사이에 상충하는 문제의식과 위험평가의 수준을 넘어서지 못하기 때문이다. 기후위기에 대처하는 방식에서도 마찬가지다. 오존층 파괴, 환경오염, 온난화 문제를 해결하기 위해 도쿄선언과 파리협약이 체결되었지만 여전히 전 지구적 실천에 대한 전망은 밝지 않다. 지구 평균온도 상승폭을 1.5℃ 이내로 묶어두기 위한 이산화탄소 감축안을 전 세계가 합의했지만 여전히 국가별 이해관계와 산업계 관심이 너무 달라 그 미래를 장담하기가 쉽지 않다. 인공지능의 위험을 염려하는 많은 전문가들이 현재 수준

이상의 생성형 인공지능 발전을 잠정 중단하고 범인류적 가이드라인을 설정하자는 제안을 내놓고 있고 유럽연합을 위시하여 그 선구적 움직임을 보이고 있으나 미래의 불확실성을 잠재우기는 어려운 것이 현실이다.

3) 탈전문화 시대의 불안과 좌절

4차 산업혁명은 기존 직업구조와 일의 성격에 심대한 변화를 가져오고 있다. 자동화에 따른 고용축소나 직무전환은 이미 광범위하게 진행 중이다. 인공지능과 사물인터넷은 오랜 경험과 숙련으로 얻어지는 전문성을 약화시키는 대신 범용기술을 통해 진입장벽을 낮춤으로써 많은 사람들에게 새로운 기회와 가능성을 열어주기도 한다. 기술의 발전이 노동과 직업, 일과 관련한 인간관계, 취업과 이직 등 전반에 심대한 영향을 미칠 것인데 특히 대학을 거쳐 전문기술직으로 진출하는 교육과 취업의 연결고리에 적지 않은 변화를 초래할 것으로 보인다.

다니엘 벨은 후기산업사회에서는 지식과 기술이 중시되기에 전문기술직이 선호되는 일자리로 부상할 것이라 예상했고 실제로 근대화 과정에서 대부분의 국가가 전문기술직의 양적 팽창을 경험했다. 특정 분야의 자격, 훈련, 경력, 경쟁을 거쳐야만 얻을 수 있는 전문기술직은 선진기술을 적극 수용하고 압축적으로 실현하는 한국 산업화의 핵심 인재군이었다. 좋은 대학을 거쳐 경제적으로 안정되고 사회적으로 존경받는 전문직이 되는 것은 인생 성공스토리의 전형이었다.

하지만 21세기 첨단기술의 변화는 이런 전문기술직의 위상에 파괴적이라 할 수 있을 큰 영향을 미친다. 인간 고유의 역량을 대체할 수 있는 인공지능과 정보기술이 확대될수록 오랜 경험과 힘든 자격증에 근거하여 전문기술직이 전담하던 기능이 기계나 인공지능으로 대체될 수 있기 때문이다. 실제로 전문기술직이 누리던 자부심과 독자성이 사라지고 그것을 목표로 하던 인생계획이 틀어지는 이른바 전문직의 탈전문화deprofessionalism 가 조용히 진행 중이다.[10] 전문직에 대한 새로운 정의가 확산되면서 반복적이거나 정형화 가능한 직무의 전문성은 현저히 약화되고 과거 특정 전문기술직만의 능력으로 간주되던 것들이 범용지식, 공유 프로그램으로 대체되어 보편화된다. 한마디로 "전문성은 새롭고 더 나은 방법으로 사회에서 공유되며, 전문직은 끊임없이 해체될 것"이라는 전망이다.[11]

---

10 정연재(2020), "인공지능의 시대, 프로페셔널리즘의 위기와 교양교육의 방향", 〈교양교육연구〉 14-1.
11 리처드 서스킨드, 대니얼 서스킨드의 표현. 정연재 앞의 글에서 재인용.

오늘날 청년층이 겪고 있는 미래에 대한 불안, 위축된 자존감은 전문기술직의 안정적 위상이 해체되고 있는 현실과 무관하지 않다. 압축성장기 대학이 청년세대에게 제공한 가장 중요한 약속은 중간 레벨의 전문기술직이나 관리직으로 취업하여 상위계층으로 사회이동을 할 기회를 제공해 준다는 것이었다. 우골탑이라는 비아냥을 들으면서도 모든 가족이 자녀의 교육에 온갖 정성을 다한 것은 대학교육과 전문기술직 취업, 더 좋은 생활수준이 맞물리는 선순환이 작동하리라는 믿음 때문이었다.

하지만 현재 이런 믿음은 더 이상 기대하기 어렵다.[12] 한국사회의 중산층은 점점 축소되고 계층이동의 가능성도 현저히 감소했다. 대학졸업장이 약속해 주던 전문기술직 자체가 양적으로 축소될 뿐 아니라 그 안정성도 현저히 약화되고 있는 탈전문화 현상이 그 중요한 요인이다. 이미 금융업무, 비서직, 자료정리, 회계, 법률사무 등 다양한 직종에서 전문직의 황혼기를 예감케 하는 사례들을 접하고 있다.

오늘날 한국사회가 보여주는 심각한 저출산 현상도 청년세대의 꿈의 위축, 미래에 대한 염려와 무관치 않다. 2023년 기준 한국의 출산율은 0.72로 전 세계 최저이며 이 추세로는 한국의 미

---

12 박명규·김홍중(2017),《꿈의 사회학》, 다산출판사.

래가 없다고 해도 과언이 아니다. 18세 학령인구는 2020년 51만 명에서, 2024년 43만 명, 2040년에는 현재의 절반인 28만 명으로 줄어들 전망이다. 이미 정원을 채우지 못하는 대학들이 곳곳에 나타나고 있고 대학 구조조정이 정책목표의 하나가 된 지 오래다.

청년의 미래는 가족, 직업, 양육, 소득, 젠더 등의 종합적 변수에 따라 구성되는 것인데 압축성장 시기에 정형화된 생애과정 설계방식이 21세기 상황과는 맞지 않아 불일치가 날로 심화되고 있다. 젊은 세대가 결혼과 출산을 통해 자신의 미래를 계획하기에는 학교가 제대로 된 비전을 보여주지 못하고 가족의 뒷받침도 힘들어지고 있다. 초연결의 기술환경에 부합하는 새로운 교육이 자리 잡지 못하고 가족 유지의 부담도 개인의 몫이 될 때, 감당해야 할 비용은 너무 커지고 좌절과 포기가 대안으로 등장할 수밖에 없다.

취업 준비에 전념하면서도 미래에 대한 꿈이 점점 위축되는 오늘날 대학생의 모습은 격변하는 기술환경으로 달라지는 직업구조와 전문성의 미래에 대학이 제대로 된 대응력을 보이지 못한 지체의 결과다. 디지털, 빅데이터, 사물인터넷, 인공지능, 로봇공학 등이 급진전되는 시대에 새로운 방식의 취업 준비, 직업에 대한 구상, 필요한 역량의 확보를 대학이 제공하지 못함으로써 그 부담이 학생 개개인에게 전가되고 있다.

학생들은 자신이 추구하는 전문직이 일생을 통해 계속 보완되고 바뀔 것이며 기계와 함께 새로운 형태로 진화할 것임을 어렴풋이 느끼고 있지만 그에 대응할 역량과 의지를 갖추지 못해 끊임없이 불안해한다.[13] 다양한 지식과 기능, 문화와 배경을 가진 사람들과 일하는 방식을 배울 기회도, 새로운 길을 찾아나서는 도전과 창의력도 모두 스스로 감당해야 할 숙제다.

그 결과 대학의 학생과 교수도, 사회 전체도 원대한 꿈이나 과감한 도전정신과는 거리가 멀어졌다. 부분적 지식, 세분화된 전공, 이기적 욕망이 개인주의적 태도와 결합하여 작은 성취, 안정된 취업, 적당한 행복에 만족하려는 경향이 지배한다.[14] 진리탐구를 목표로 하는 지성인이라는 자부심도 사라졌고 현실에 맞서 개혁과 창조를 자신의 본분으로 의식하는 기개도 찾아보기 어렵다. 대형 위기와 난제들에 도전할 지적 야성이 약화되고 개개인의 욕구 충족과 경제적 성취를 위한 미시적이고 사사로운 관심사가 지배하고 있다.

지금의 대학은 문명대전환의 기회와 위기를 함께 포착하면서

---

13 이런 경향을 김홍중은 "생존주의"라 불렀다. 살아남는 것, 경쟁에서 이기는 것이 최고 목표가 되는 절박한 세대문화를 가리키는 것이다.

14 김석호·주윤정 외(2017), "한국 청년세대의 꿈자본 측정", 〈문화와 사회〉 24.

새로운 정신과 혁신을 주창하는 패기를 확산하고 문명적 위기를 헤쳐 나갈 지적, 도덕적 권위를 제공해줄 기지와는 한참 거리가 멀다. 대학이 앞으로도 이 역할을 담당하지 못하고 새로운 제도도 마련하지 못하면 인류공동체는 더욱 심각한 미래충격에 봉착할 가능성이 높다.

3. 대학혁신의 향방과 네 영역의 과제

대학이 제도지체를 극복하고 21세기에도 사회의 중추기관으로, 발전의 견인차로 존속하려면 교육, 연구, 인프라, 문화의 영역에서 총체적인 혁신이 필요하다. 정형화되고 관습화한 고등교육의 패러다임 전반을 새롭게 재구성하지 않으면 인공지능과 디지털 문명의 쓰나미 앞에 대학 자체가 무용한 것으로 전락할 가능성도 없지 않다. 최소한 다음 네 영역의 혁신은 문명전환기 대학이 감당해야 할 기본적인 과제들이라 할 것이다.

1) 창의-통합형 교육혁신

창의형 방식, 통합형 내용으로 교육을 혁신하는 것이 대학혁신의 첫 과제다. 창의-통합형 교육을 위해 교수의 강의가 달라져야 하고 학생의 수업태도가 변해야 하며 평가방식도 달라져야 한다. 강의실과 커리큘럼도 재구성되고 입시경쟁의 강한 자장磁場 아래 관행으로 자리 잡은 일방적 지식 전수와 수동적 반복암기중심의 교육방식이 학생의 능동적 참여와 자발적 문제설정에 기초한 프로젝트형 교육으로 변해야 한다. '교수는 가르치는 자, 학생은 배우는 자, 교과서가 정답'이라는 틀을 깨고 교실수업과 현장수업이 결합되어야 하며 교과서의 지식과 새로운 문제들과의 만남을 강조하는 경험학습이 주요한 방식으로 자리 잡아야 한다. 정답 찾기에 탁월한 모범생보다 창의적 발상과 엉뚱한 상상력으로 도전하는 인간형을 키울 필요가 있다.

분과학 단위로 분절되어 있는 학제와 피라미드 형식의 위계와 장벽을 뛰어넘어 다양한 전공을 횡단적, 융합적으로 연결하는 통합교육도 중요하다. 4차 산업혁명으로 촉발된 사회변화는 경계 넘기, 경계 부수기, 융복합의 흐름을 전면적으로 확대시키고 있다. 우리가 겪는 문제들 역시 하나의 분과학으로 감당하기 어려운 다학제적이고 횡단적인 성격들이다. 학생들이 스스로 문제

를 찾고 새로운 대안을 모색하는 과정에서 폭넓은 시야와 횡단
적 사고능력을 발휘할 수 있는 교육이 이루어져야 한다.

이를 위해서는 교양과 전공을 나누는 학제에 대한 근본적인 재
조명이 필요하다. 상상력과 창의성은 교양교육 몫이고 전공교육
은 그와 무관한 지식획득 과정이라는 암묵적 분할관행을 넘어 교
양과 전공, 전문성과 일반지성을 새롭게 통합시키는 전문교양교
육을 모색할 필요가 있다. 특히 문과와 이과가 구분되는 단과대
학 체제와 분과학 체제 그리고 기초교양교육과 학과전공교육의
이원적 병립구조를 극복하는 것은 중요한 과제다.

교양과목 liberal arts 교육을 강조해온 하버드대는 그 깊이와 전문
성을 함께 강화할 방도를 모색해왔다. '학문계열별 배분이수제',
'중핵교육과정제'와 '영역별 필수이수제' 등 여러 방식을 거치면
서 교양교육과 전공교육을 유기적으로 연결시키려 노력했는데,
분명한 특징은 다학제적 연계를 강화하려는 경향이다.[15] 하버드
대학은 "우주와 사회와 우리 자신에 대한 지식과 이해"를 갖는
것을 목적으로 문학과 예술, 역사적 연구, 사회적 분석, 외국문
화, 과학 등 6개 다학제 영역을 교양교육의 기본 틀로 강조한다.

---

15 최미리(2017), "하버드 대학의 교양교육 사례연구", 〈학습자중심교과교육연구〉
    17-6.

그 하위의 11개 영역 역시 문학, 미술과 음악, 문화사, 거시적 역사연구, 미시적 역사연구, 사회적 분석, 외국문화, 물리과학, 생물과학, 수학적 추론, 도덕적 추론 등으로 통합적 성격이 강하다. 학과나 전공의 벽을 뛰어넘어 "사고의 독특한 방법들"을 익히는 것이 핵심임을 강조하기 때문이다.[16]

도쿄대가 보여준 실험도 좋은 참고가 된다. 도쿄대는 교양교육을 전공에 앞서 거치는 예비과정으로 생각하는 것을 피하고자 '후기교양교육'이라는 독특한 제도를 도입했다.[17] 또 문과와 이과의 융합, 전공과 교양의 통합을 강조하는 통합교육을 추구하는 학부대학을 별도로 설립했다. 학제성·국제성·선진성을 내세운 다문화, 다언어 교육을 통해 특정한 전공분야에 한정되지 않는 '월경越境하는 지성인' 양성을 목표로 설정했다. 이를 위해 사상과 예술, 국제와 지역, 사회와 제도, 인간과 환경, 물질과 생명, 수리와 정보까지 6개 영역의 통합과목이 제공되는데 이런 통합교육은 저학년 교양, 고학년 전공의 관행을 넘어서 다양한 경계를 횡단하고 복수의 영역을 왕복하여 다이내믹한 지식을 습득하는

---

16 정철민(2015), "대학 교양교육의 재해석: 하버드 교양교육보고서를 중심으로", 〈교육사상연구〉 29-4.
17 김경희(2022), "일본 대학의 후기교양교육 실태조사 연구: 도쿄대학 사례를 중심으로", 〈교양교육연구〉 16-1.

것을 목표로 한다.

스탠퍼드대 역시 개방형 순환대학을 실험하면서 경계를 넘어서는 자유교육을 강조하고 있다. 교육을 일련의 여정으로 파악하면서 문제의 설정과 그것을 구체화하고 해결할 방도를 찾아가는 문제해결 역량 중심 교육을 발전시키려 한다. 이런 과정에 요구되는 과학적 분석, 정량적 추리, 의사소통능력 등을 '보편적 역량broad competencies'으로 키우려 하는 것이다.[18]

비판적 사고, 도덕적 추리, 창의적 표현, 다양성 존중, 그리고 결정적으로 평생에 걸쳐 적응할 수 있는 능력들은 변화가 가속화되는 시기에 매우 중요한 요소다. 조지프 아운은 인공지능으로 대체 불가능한 인간 고유의 능력을 키우는 것이 중요하다고 주장한다.[19] 인간에 대한 이해로부터 문제를 찾아내고 창의적으로 해결을 모색하는 역량이 관건이라는 것이다.

아운은 인공지능 시대에 대학이 가르쳐야 할 교육의 내용을 새로운 인간학humanics 이라 부르는데, 기계나 로봇, 인공지능으로 대체 불가능한 인간적 능력과 판단을 익히는 것으로 데이터 문해력, 기술적 문해력, 인간적 문해력을 포함하는 새로운 역량

---

18 정연재, 앞의 글 참조.
19 조지프 아운 저, 김홍옥 역(2019),《AI시대의 고등교육》, 에코리브르.

을 교육하는 것이 핵심요소라고 본다. 데이터 문해력과 기술적 문해력이 정보사회와 첨단기술시대에 필요한 과학적 역량교육이라면 인간적 문해력은 시스템적 사고, 창의적 발상, 기업가정신, 문화적 민첩성, 비판적 사고 등이 포함되는 고급교양교육이라 할 수 있다.

한국의 대학들도 개혁, 혁신의 이름으로 적지 않은 변화를 시도해왔다. 많은 대학들이 통합형 교양교육을 강조하고 서울대는 2024년도부터 첨단융합학부를 신설하고 초학제적 교육을 통해 융복합 지식과 창의적 문제해결 역량 구축을 목표로 내걸었다.[20] 지난 수년간 융합교육을 표방한 학과 수는 2019년 903개, 2020년 1,170개, 2021년 1,209개, 2022년 1,392개에 달할 정도로 확대되었다.[21] 융합전공, 연계전공, 융복합전공, 연합전공, 자기설계전공 등 다양한 이름의 시도들이 확인된다.

그런데 폐과되는 융복합 학과 숫자도 적지 않다. 융복합 학과의 신설 붐과 함께 폐과도 늘어난다는 것은 이것이 중장기적인 기획과 준비에 기초하기보다 정책적 요구에 따라 이루어지는 단기적 대응일 가능성을 보여준다. 학생 모집, 학교 홍보를 위해,

---

20 서울대학교 첨단융합학부 홈페이지 참조. (https://snuti.snu.ac.kr/)
21 오대영(2022), "한국대학의 융합교육 현황과 발전방향 연구", 한국대학교육협의회 정책보고서.

또는 시대조류에 편승하거나 정부사업 수주를 위해 수단적으로 추구하는 개혁이어서 명실이 부합하지 않는 형식상의 개혁인 경우도 적지 않다. 더구나 인문사회계와 자연과학계 사이의 융복합은 매우 드물고 인문사회계 내부, 자연과학계 내부의 다학제적 접근을 강조하는 수준에 머무는 모습이다.

21세기의 대학교육 개혁은 단순한 다학제성을 넘어서 인문사회학, 과학기술, 예술문화 영역 간의 큰 범위의 융복합적 역량을 추구할 필요가 있다. 인문사회분야의 전공자들은 훨씬 더 과학기술의 변수에 민감해져야 하며 과학기술분야의 전공자들은 역사와 사회의 쟁점들에 더욱 관심을 기울여야 한다. 대학은 그런 공간이 되어야 하고 과학기술, 인문사회, 예술의 통합과 융합을 추구하는 변신을 지향해야 한다. 교육이 연구 및 현장과도 유기적으로 연결되면서 새로운 사고 지평을 넓힐 기회를 갖도록 해야 한다. 수업을 통한 교육 못지않게 연구과정에 인턴으로, 부분적 실험수행자로 참여하면서 지적 역량을 확대시킬 기회를 가질수 있다. 생애와 경력의 전 과정에 걸쳐 힘이 될 자유교양교육이 곧 직업교육이 될 수 있다는 생각으로 혁신적인 교육을 이뤄 낼 필요가 있다. 익숙하고 당연시되는 방식을 넘어서 다가올 미래 충격을 예상하고 비판적으로 대응할 종합적 능력, 현실에 도전하는 리더십을 배양할 수 있는 교육이 필요하다. 분과학적 틀에

갇힌 좁은 전문성을 넘나드는 횡단과 융합의 역량을 통해 과감
한 도전과 실험을 피하지 않는 통합과 창의의 교육으로 혁신되
어야 한다.

2) 시대적 문제해결을 향한 융복합 연구시스템 창출

대학혁신의 또 한 영역은 첨단의 융복합 지식을 산출하는 연구
시스템을 갖추는 일이다. 21세기에 지식생산기지로서 대학의 역
할은 더욱 강조되고 있다. 경제성장에 핵심적인 자원이 되는 원
천기술은 대학의 연구능력에 좌우되는 바가 커서 모든 나라가
그런 연구기반을 갖추려 애쓰고 있다. 국가 차원의 R&D가 강조
되고 정부, 연구기관, 기업들이 첨단의 기술혁신 생태계를 구축
하려 할 때 대학은 늘 중심 역할을 담당한다. 대형 연구에는 상당
한 재원이 투자되고 국가 차원의 일자리 창출, 첨단산업정책 등
과 연계되는 사안이기에 연구지원 재단, 지방 정부, 기업, 연구
소, 대학 등이 경쟁 및 협력관계를 맺으며 효율적 거버넌스를 발
전시키려 노력 중이다.[22]

　대학에서 연구기능은 교수 개인 또는 연구소 단위로 이루어진

22　STEPI(2012), 〈연구소 중심의 대학연구시스템 활성화 방안〉.

다. 교육과 무관한 전문연구원 제도가 안정적으로 자리 잡지 못하여 연구소는 통상 학과의 교수들이 중심 인력이 된다. 연구와 교육은 그 기능이 구별되지만 인적 구성이나 예산 편성, 제도적 운영에서 중첩되는 부분이 적지 않다. 연구시스템이 학과제도와 밀접하게 연결되어 있고 연구소의 조직형태나 운영방식 역시 그런 분과학 단위로 이루어지는 경우가 많다. 영역 간 전문성과 랩 중심의 연구방식으로 인해 다학제적 소통이 쉽지 않아 기계적 분업 수준을 넘는 융복합 거버넌스가 잘 작동하지 못하는 연구소의 수도 적지 않다.

교수 개인별 연구가 중요한 비중을 점하는 인문사회학 분야에서는 더더욱 과학기술 영역과의 공동연구 역량이 잘 확립되지 못하고 있다. 그에 반해 자연과학과 기술 영역은 랩 중심의 조직화된 연구센터가 대부분이어서 내부적인 전문화는 심화되지만 영역 간 크로스오버나 융복합 연구의 틀은 제대로 발달하지 못하는 경향이 뚜렷하다.

21세기 대학은 종합적인 연구 거버넌스를 갖추고 전략적인 연구역량을 확대할 혁신이 필요하다. 우선 교수 개인이나 단일 학과 차원에서 준비되는 상향식 bottom-up 연구와 학교나 융복합 대형 연구조직에 의해 기획되는 하향식 top-down 연구가 유기적으로 결합되어야 한다. 상향식 연구는 다양성과 전문성, 진실성을 동반할 수 있는 장점이 있지만 연구 전체가 유기적으로 통합되거나 방향성을 갖기에는 한계를 보인다. 반면 큰 문제의식이나 난제 해결을 지향하는 하향식 연구는 참여자의 자발성과 창의성을 동원하는 데 한계를 보일 수 있지만 중요한 문제들에 공동으로 대응하고 실천적인 효과를 높일 수 있다는 장점이 있다.

또한 기초연구와 응용연구, 학술지 논문과 특허 출원, 연구중심과 창업중심이 보다 유기적으로 연결되어야 할 필요도 크다. 이런 쌍방향 연계를 통해 미완의 과제나 새로운 쟁점들을 다룰 창의적이고 도전적인 공동연구가 가능하며 문제중심의 다학제적이고 융복합적 접근을 확대시킬 수 있다.

대학 차원에서 시대적 난제, 인류적 문제해결의 과제를 공통의 목표로 내거는 것은 다학제적 연구의 장점을 살릴 수 있고 대학의 사회적 역할에도 부합한다. 융복합 연구단 또는 융복합 연구센터와 같은 상위 범주 속에 다양한 내부 연구기관과 외부의 유관기관까지 연결되는 복합적 거버넌스와 시대적 난제 해결을 추구하는 역동성이 대학혁신의 한 축으로 자리 잡아야 할 것이다. 융복합적 연구를 위해 대학은 대학 외부의 조직 및 인력과도 폭넓게 연대하고 협력하는 연구체계를 발전시켜야 한다.

사회적으로 의미 있는 지식의 생산, 데이터의 산출은 대학에서만 이루어지는 것이 아니다. 정부, 공공기관, 기업, 사회단체

등이 자체적인 지식을 산출하고 있을 뿐 아니라 컨설팅 회사, 정보분석기관, 기업체나 정부 부설 연구기관 등이 폭넓게 R&D를 수행하고 있다. 혁신적인 기술이나 지식, 화두가 대학 외부로부터 제공되고 그것이 대학 내의 담론에 영향을 미치는 사례도 적지 않다. 당연히 대학은 그런 외부 자원 및 기관들과 개방적인 연대와 협력을 통해 연구의 질적, 양적 발전을 도모해야 한다.

융복합 연구에서는 문제를 스스로 파악하고 기술의 사용에 대한 책임을 질 수 있는 종합적 판단력이 더욱 요구된다. 현대의 기술 발전은 인류 공동체의 삶을 규정하는 자본주의 시장경제와 국가체제, 지정학적 질서 전반과 중요한 영향을 주고받기 때문이다. 미·중의 패권 대립이 첨단기술을 둘러싼 싸움이 되고, 반도체 공급망 재편이 국제정치의 최대 이슈가 되는 상황은 그런 밀접한 연관성을 드러내는 분명한 증거다. 첨단기술의 확대가 전체주의를 촉진할지, 혐오문화를 강화할지, 민주적 개방사회의 질적 성숙을 가져올지도 매우 중요한 미래적 쟁점이다. 핵에너지 사용에서 드러난 과학기술과 위험사회로의 이행 관계에 대한 민감한 감수성도 전문인의 필수지식이 되고 있다.

울리히 벡이 지적한 바와 같이 위험과 재난에 대한 적절한 대응력은 기술적 차원의 전문성과 인문사회적 상상력이 함께 갖추어질 때 비로소 작동할 수 있다. 핵공학, 생명공학, 나노기술이 기존의 제도와 사회관계에 어떤 결과를 초래할지에 대한 포괄적인 판단에는 과학기술적 전문지식 못지않게 문명적 책임의식과 인간에 대한 높은 윤리의식이 요구된다. 기계나 기술로 대체 불가능한 인간과 사회, 문명 전반에 대한 깊이 있는 이해가 융복합 연구역량 강화에 필수적인 까닭이다.

20세기 디자인 혁명을 일으킨 진원지로 꼽히는 독일의 바우하우스는 제대로 된 건물도 없었고 재정적 자원도 빈약했지만 지금까지도 창의력의 산실처럼 간주된다. 바우하우스를 기획하고 함께 이곳을 이끌었던 대표적인 인물들은 우리에게 익숙한 분과학, 박사학위, 교수 지위 등과 거리가 멀다. 미학, 철학, 예술, 건축, 물리 등 다양한 분야에 깊은 관심과 식견을 가지고 있지만, 그 다른 것들의 이질적 조합, 편집, 재구성을 통해 새로운 것을 만들어내는 일의 가치를 추구했다.

오늘날 디자인이라는 말로 이해되는 발상의 전환은 예술적 감각, 인간의 취향, 도시적 환경, 기술적 기반, 산업적 인프라 등 다양한 요소들의 결합이자 종합에서 이루어지는 것이다.[23] 이미 정립된 해법과 정형화된 기술을 한번 익히고 마는 것이 아니라 끊임없이 새로운 방식과 기술을 찾아나가는 개방적 전문성이 필요

---

23 김정운(2018), 《에디톨로지》, 21세기북스.

하다. 인공지능이 대체할 수 있고 위키피디아나 구글 검색으로 찾아낼 수 있는 단순 지식, 정형화된 사고, 패턴화된 생각에 만족하지 않으며 오히려 그것을 넘어설 수 있는 문제해결 능력, 새로운 발상과 혁신의 역량이 연구의 바탕이 되어야 한다. 사회 전체가 마주하고 있는 문제를 인지하고 창의적 문제해결을 향해 도전할 수 있는 역량을 키우는 것은 대학의 융복합적 연구역량이 자리 잡을 때 가능해 질 것이다.

3) 혁신생태계로서의 지식산업클러스터 구축

대학은 혁신중개자innovation intermediary로서 다양한 외부 기관들과 네트워킹하고 협력하는 지식생산 혁신생태계의 거점이 되어야 한다. 대학이 고립된 교육과 연구의 공간이 되는 상태를 벗어나, 대학 외부와 적극적이고 상시적인 연결과 소통을 강화하고 학교 안팎의 다양한 주체와 조직들이 도전과 혁신의 시너지를 함께 발휘할 수 있는 공간적 생태적 변화를 추구할 필요가 있다. 연구공원이나 산학연계센터, 연구클러스터 등은 이런 혁신 인프라 구축의 전형적 모습들이다. 연구클러스터는 기업·정부·대학의 3자 연결을 제도화하고 대학의 연구창의 기능과 기업의 생산 창업 기능을 연결시켜 대학과 지역, 산업의 공동발전을 도모하

려는 개혁 프로젝트다.[24]

스탠포드대와 버클리대가 포함된 실리콘밸리와 하버드대, MIT가 중심이 된 보스턴 첨단산업클러스터는 이런 혁신생태계의 좋은 사례이자 참조할 만한 모델이다. 대학의 연구기반과 지역 산업의 니즈가 유기적으로 결합하고 많은 벤처 기업이 탄생하며 전 세계에 영향을 미치는 기술혁신의 중심지가 되었기 때문이다. 보스턴 첨단산업클러스터의 경우 MIT와 하버드대의 역량과 케임브리지시의 혁신지대 추진전략, 그리고 기업가정신으로 무장한 젊고 유능한 벤처인의 3박자가 함께 작용한 결과다.

특히 MIT는 기업 및 정부와의 협업을 통해 보스턴 지역 혁신생태체계를 고도화하고 창업문화를 발전시키는 중심 역할을 담당했다. MIT는 대학의 기능으로 교육, 연구와 함께 혁신을 내세우는데 혁신의 핵심은 아이디어와 시장의 연결을 통한 문제해결 능력이라고 본다. 스타트업의 배출을 지원하고 그런 창의적 실험과 기업가정신을 대학의 핵심문화로 수용하려 한다. 이런 종합적 인프라를 혁신적 생태체계 innovation ecosystem 라 칭하고 이것을 뒷받침하는 대학의 정신을 '마음과 손을 함께하는 철학 mind-

---

24 이철우·이종호(2014), "클러스터 진화와 트리플 힐릭스 주체의 역할", 〈한국지역지리학회지〉 20-3.

hand philosophy'이라 부르고 있다.[25] 시대적 난제 해결에 도전하고 창업을 통해 사회문제를 해결하는 인큐베이터로서의 대학을 강조하는 것이다.

대학이 참여하는 혁신클러스터가 반드시 첨단기술, 산업연관 부문에 한정되는 것은 아니다. 창의적인 다양한 주체들, 혁신적 동력들이 이 클러스터를 통해 연결되고 시너지를 얻는 융복합 인프라가 필요하다. 여기에는 과학자나 기업자 이외에도 예술가, 건축가, 시인과 작가, 디자이너, 종교인, 일반시민이 함께 참여할 수 있다. 일종의 창조인 집단, 전위적 존재들의 클러스터가 될 수 있어야 하는 것이다. 기업의 생산성 증대와 첨단제품 개발은 물론이지만 경제적 이익을 넘어서는 사회적 가치, 공유가치, 문화가치에도 기여하는 공간이 되어야 한다.[26] 인류가 봉착하고 있는 중대한 문제들, 예컨대 지속가능 에너지, 도시재생, 물, 식량, 암, 질병 같은 문제들은 문화, 디자인, 정치, 경제, 종교 등 광범위한 인문사회적 쟁점들과 별개로 해결될 수 있는 것이 아니기 때문이다.

개방형 혁신 시스템의 구축은 대학, 기업, 연구소, 정부 등이

---

25 MIT 홈페이지 참조. (https://web.mit.edu/innovation/)
26 박명규·이재열 외(2017),《사회적 가치와 사회혁신》, 한울.

유기적인 네트워크를 통해 혁신클러스터를 창출해내는 일이다. 대학은 해당 지역이나 국가에 필요한 혁신인재를 배출하고 새로운 아이디어나 담론을 제공하며 문제해결을 위한 전문적 지식과 기술적 노하우를 제공하는 핵심 기능을 수행해야 한다.

초연결성이 보편화되는 시대에 대학은 시공간을 넘는 네트워크의 중추 허브로 기능할 수 있다. 미네르바대는 2012년 설립된 신생대학이고 규모도 작지만 입학하기가 매우 어려우며 가장 혁신적인 최고의 대학으로 꼽히고 있다. 이 대학은 캠퍼스도 없고 강의실도 없으며 모든 수업이 온라인으로 진행된다. 대신 학생들은 7개 나라, 7개 도시에 마련된 기숙사로 매 학기 각 나라들을 다니며 공동생활과 프로젝트를 수행한다. 샌프란시스코, 런던, 베를린, 부에노스아이레스, 하이데라바드, 타이베이 그리고 서울 등 도시에서 봉사활동, 산학협력, 비정부기구와 공동과제 수행 등 현장형 수업을 하며 모든 수업은 강의가 아닌 토론 방식으로 '포럼'으로 불린다. 분석적인 의사결정을 할 수 있는 힘, 창의적으로 문제를 해결하는 자질, 열정과 문화적 다양성을 갖고 세계시민으로 적극 참여하는 인간을 추구한다.[27] 좁은 전공지식 대신 도전적인 커리큘럼, 전 지구적 경험, 스스로의 경력 형성을

---

27 미네르바대 홈페이지 참조. (https://www.minerva.edu/)

강조하며 학생을 선발할 때도 수학, 창의력, 표현력, 글쓰기 등을 강조한다. 싱귤래리티 대학 역시 온라인으로 전 세계에서 학생을 선발하고 교육하는 시스템이다.

나아가 대학은 보편적 지식기구로서의 성격에 기초하여 국제적 네트워크의 주요한 노드 node 가 되어야 한다. 해외의 대학들과 연구협력과 정보교환의 기반이 되며, 지구적 의제를 공유하고 함께 대처하는 담당주체가 되어야 한다. 유엔을 중심으로 현대문명 속에서 강조되는 난제 해결에도 적극 나서야 하고 그 문제의식을 사회적으로 확산시키는 역할도 강화할 필요가 있다.

4) 포스트휴먼 감수성과 미래형 꿈자본의 배양

대학은 사회적으로 주요한 기능을 수행하는 한편 청년세대가 미래를 준비하고 기획하는 인생설계의 주요 공간으로 자리매김해야 한다. 새로운 세대가 달라진 시대에 적응하면서 창의적인 인생을 설계할 수 있는 능력과 자질, 품성을 도야하는 곳이 되지 못하면 대학에 대한 신뢰가 유지될 수 없기 때문이다. 이를 위해 각자도생의 개인주의, 물질주의와 경쟁주의에 경도된 가치관을 협력과 공생, 공유와 신뢰 중심으로 바꾸는 일이 중요하다.

21세기는 디지털 플랫폼의 힘이 압도적으로 커지는 시대여서 개인의 고립된 능력보다도 상호연결로 인한 네트워크 파워가 훨씬 강력해진다.[28] 개인의 고립된 전문성이나 탁월함이 장기적으로 높은 지위와 만족스러운 일거리를 제공해주지 않으며, 역동적으로 변하는 연결과 소통의 공간에서 동적인 역할을 찾아야한다. 불가피하게 직업을 바꾸어야 할 상황이 빈발하기 때문에 타인과 소통하고 협력하며 공감할 수 있는 역량이 더욱 중요해진다. 이 역량은 안정된 직업구조가 바뀌고 유연노동으로 불안정성이 커지는 가운데서도 새로운 기회를 찾아내고 의미 있는 일거리를 만들어낼 수 있는 적응력의 원천이다. 이런 적응력이 뒷받침될 때 급변하는 시대에 좌절하거나 실패하더라도 다시 일어서고 도전하는 회복력을 기를 수 있다.[29] 대학은 긴 인생설계에서 절실히 필요한 적응력과 회복력의 훈련장이자 교육장이 되어야 한다.

결국 기술이나 제도로 환원할 수 없는 개인의 독자적 능력, 스스로를 가치 있는 존재로 여기며 자기 삶을 개척할 수 있는 정신적 자질을 함양하고 이를 중시하는 대학정신을 자리 잡게 하는 것이 중요하다. 스스로 의미와 가치를 창출하고 기회를 만들어

28 박명규·이재열 외(2019),《커넥트 파워》, 포르체.
29 마이클 루이스·햇 코너티(2015),《전환의 키워드, 회복력》, 따비.

낼 수 있는 인간적 자질, 일반능력을 훈련해야 한다. 전문기술직에 대한 고정된 기대를 넘어 신유목민으로서의 자유로운 횡단과 도전을 감행할 수 있는 야성도 중요하다. 이런 인간적 능력으로부터 도덕적 감수성과 윤리감각도 생겨날 수 있고 미래에 대한 꿈을 추구할 수도 있다. 모든 가치를 동질화하고 그에 따라 인간을 서열화하는 일차원적 시대의 도구적 합리성을 넘어서야 한다. 시대 전체를 관통하는 종합적이고 거시적인 감수성을 키워줄 수 있을 때 대학은 문명적 대전환에 대비하는 지적 센서로서 기능할 수 있을 것이다. 지성인이라는 말에 부여되는 무거운 전제들을 걷어내더라도, 문명적 위기에 대한 민감한 감각과 인간성에 대한 높은 자긍심이 결부되는 새로운 대학문화는 혁신의 주요한 요소가 된다.

또한 21세기 감수성은 포스트 휴머니즘에 대한 문제의식을 요구한다. 인간중심주의, 인간예외주의의 휴머니즘은 자연과학과 인문사회과학을 관통하는 오랜 시대정신이지만 첨단기술문명의 대전환이 진행되는 시기에는 그 한계도 뚜렷해지고 있다.[30] 근대의 휴머니즘은 인간의 존엄성을 높이는 데 기여했지만 무한정의 개발주의와 생태환경에 대한 무관심을 초래함으로써 전 지

---

30 로버트 페페렐 저, 이선주 역(2017),《포스트휴먼의 조건》, 아카넷.

구적 위기를 확산시키는 한 요인이 되었다. 인공지능과 로봇공학, 생명공학의 급진전으로 인해 한편에서 인간의 기계화가 진행되고 다른 한편에서 기계의 인간화가 이루어지면서 인간과 비인간, 생명과 물질, 문화와 자연을 대비시키던 방식도 근본적으로 동요한다.[31] 이제 인간은 더 이상 만물의 지배자, 지구의 특별한 존재자가 아니라 모든 생명체와 공생하고 지구생태계를 구성하는 일원으로서의 겸손함과 책임감을 깨우쳐야 하는 상황을 맞고 있다. 포스트휴먼으로 불리는 새로운 시대에 대한 민감한 감수성이 절대적으로 요청되는 이유다.

대학은 이런 감수성에 기초하여 새로운 책임윤리의 확산에 기여하는 문화적 공간이 되어야 할 것이다. 인류세 논의에서 확인하듯 과학기술의 고도발전은 지구문명의 종말이라는 묵시록적 전망을 수반한다. 각종 SF 영화가 그린 미래상은 놀라울 정도로 현실이 되고 있어서 인공지능과 로봇이 지배하는 미래가 오거나 기후변화로 인한 생태위기가 가시화될 가능성이 적지 않다. 미래의 향방과 속도에 영향을 미칠 수 있는 가장 신뢰 가능한 변수가 인간의 책임 있는 개입이다.[32] 책임윤리는 이제 정치인이나

---

31 신상규 외(2020), 《포스트휴먼이 몰려온다》, 아카넷.
32 박명규(2020), "위험사회, 포스트휴먼 조건, 그리고 인간의 책임", 〈지식의 지평〉 29, 대우재단.

철학자의 화두가 아니며 누구보다도 과학기술자의 메시지가 되어야 하는 시대다.

챗GPT-4 등장 이후 딥러닝 분야 최고의 권위자인 제프리 힌튼이 그 위험성을 알리는 활동에 적극 참여하고 있고 구글의 기술전문가였던 트리스탄 해리스 등이 '인도적 기술센터Center for Humane Technology'를 설립하고 기술문명의 위험을 알리는 다양한 활동을 전개하는 것은 그런 노력의 일환이라 하겠다. EU는 인공지능에 대한 윤리적 가이드라인을 몇 년째 논의하고 있고 유엔, 유네스코 등 국제기구 역시 이런 노력에 더욱 힘을 경주하고 있다.

대학은 이런 노력들을 지원하며 연대하는 허브이면서 동시에 타당한 방식을 탐구하고 실천해야 할 핵심 주체다. 그러려면 문명적 감수성에 예민하고 새로운 시대의 책임윤리를 발전시키는 대학 고유의 문화를 발전시켜야 한다. 마치 과거에 대학이 중세의 종교적 세계관과 교권에 대항하여 근대적 세계관과 과학적 사유를 확산시키는 전위부대가 되었던 것처럼 21세기를 준비하기 위한 대학정신을 자리 잡게 하는 것은 결코 경시되어선 안 될 대학혁신의 중요한 과제이다.

4. 나가며

코로나 펜데믹 시기 우리는 다가올 미래의 문명적 위험과 함께 디지털 문명이 제공하는 첨단기술의 효과를 절감했다. 팬데믹의 충격은 일상을 마비시키고 전 지구를 위험에 빠트렸지만 스마트폰과 온라인 경제, 단시일에 백신 개발에 성공한 생명과학의 놀라운 발전에서 새로운 가능성도 경험했다. 오랫동안 강력한 힘을 행사해온 제도들이 제대로 된 대응력을 보이지 못하는가 하면 새로운 방식과 혁신적 대응이 이곳저곳에서 이루어지는 모습도 지켜보았다. 비대면 강의와 수업이 이루어지고 영상을 통한 종교활동이 가능해졌다. SNS를 통한 사교모임도 활발해지고 무엇보다도 플랫폼 경제가 급성장했다.

　코로나 팬데믹이 끝나면서 많은 영역이 정상화되고 이전의 모습으로 되돌아왔지만 제도는 언제든 변할 수 있다는 것, 아니 변하지 않으면 살아남을 수 없다는 사실을 확인했다. 값비싼 제도지체의 현실을 보면서 다가오는 미래충격의 심각성을 깨닫는 경험도 했다.

　교육제도, 학교시스템은 미래를 준비하는 핵심 제도이면서도 과거의 관행으로 인한 지체가 뚜렷한 영역이다. 인공지능과 인류세의 문명적 대전환은 이전과는 다른 교육방식과 학습 콘텐츠를 요구한다. 주입식 정답찾기 대신 토론, 상상력, 실험, 도전이 더욱 중시되고 기술과 문화, 과학과 사회, 기계와 인간에 대한 폭넓은 시야를 가르치는 교육으로 혁신되어야 한다. 분과학의 장벽을 뛰어넘고 시대적 난제를 해결하려는 융복합 연구시스템을 정립하는 일도 중요하고 캠퍼스와 지역사회, 산업단지가 보다 유기적으로 결합하는 새로운 지식산업생태계를 구축하는 것도 중요한 혁신과제다.

대학이 지식혁명, 과학혁명, 기술혁명을 주도했던 근대 초기처럼 21세기 첨단기술문명시대에 걸맞은 새로운 사명감, 책무감, 책임윤리를 산출하는 전위지대가 되어야 한다. 젊은 세대가 미래를 향한 새로운 꿈을 꾸고 개성적인 인생설계를 할 수 있는 대학문화가 자리 잡도록 하는 것도 중요한 혁신과제다. 이런 총체적 혁신이 수반되지 않는다면 대학은 제도지체의 차원을 넘어 제도소멸의 단계로 이행할지 모른다.

대학의 유형과 성격이 다양한 만큼 단일한 혁신 유형을 상정할 필요는 없다. 그 사회의 수준과 대학의 조건에 맞추어 다양하면서도 유연한 맞춤형 혁신전략을 마련하는 것이 중요하다. 교육, 연구, 인프라, 문화의 네 차원 혁신이 적절하게 배합되면서 대학의 면모를 일신할 때 제도지체를 넘어 새로운 창의공간으로 자리 잡을 수 있을 것이다. 대전환의 시대를 정면으로 직시하면서 정체성을 새롭게 구성하려는 도전의식, 혁신의지, 새로운 비전을 정립하는 노력이야말로 문명대전환기에 대학을 중요한 제도로 지속시키는 원동력을 제공할 것이다.

4장

AI 기술의 발전과 새로운 교육

장병탁

1. 들어가며: AI 개념과 원리

인공지능AI 은 사람처럼 생각하고 사람처럼 행동하는 기계를 만들려는 연구로서 그 시작은 1950년대로 거슬러 올라간다. 발명된 지 얼마 되지 않은 컴퓨터를 가지고 수치계산만을 하는 것이 아니라 사람처럼 사고하는 지능적인 기계를 만들려고 했던 것이다. 그리고 기계가 지능을 가졌는지 아닌지 평가하는 방법으로 튜링 테스트Turing Test 가 제안되었다.

  튜링 테스트는 장막에 가려진 두 개의 방에 한쪽에는 사람이, 다른 쪽에는 기계가 들어가 있을 때 밖에서 제3자가 양쪽에 질문을 하여 어느 방에 기계가 있는지를 알아맞히는 문제이다. 다양한 질문이 들어올 때 어느 쪽이 기계이고 사람인지 못 맞힐 정도로 기계가 사람처럼 대답을 잘 하면 이 기계는 튜링 테스트를 통과하는 것이다. 튜링 테스트를 통과하려면 기계가 사람이 사용하는 언어로 된 질문을 이해하고 답변을 글로 생성할 수 있어야 하고, 세상에 대한 다양한 지식과 상식을 가지고 있어서 사람처럼 유연하게 생각하고 질문에 대답할 수 있어야 한다.

최근 드디어 튜링 테스트를 통과하는 AI가 등장하였다. 오픈AI에서 만든 챗GPT가 바로 그것이다. 챗GPT는 초대규모의 텍스트 데이터를 학습하여 거대언어모델LLM: Large Language Model 을 자동으로 만들고 이를 이용하여 사람과 대화하며 질문에 답하고 긴 글도 작성해 주는 고도의 언어 능력을 갖춘 AI이다.

텍스트 기반의 대화뿐만 아니라, AI는 질문에 대답하는 언어 능력 외에 사진을 보고 이해하는 시각 능력도 갖기 시작하였다. 인간이 얻는 정보의 80%는 눈을 통한 시각정보로부터 온다고 알려져 있다. 최근 AI는 사진을 보고 강아지와 고양이를 구별할 수 있으며, 도로 주행 장면을 볼 때 어디가 도로이고, 어디가 보행로인지, 앞차는 어디에 있고, 신호등은 어디에 있는지를 파악할 수 있다.

또한 최근에는 AI가 로봇 신체에 적용되어 현실세계에서 이동하며 물건을 옮기고 조작하는 행동 능력도 활발히 연구되고 있다. 즉, 로봇이 자율주행하면서 주변 환경을 지각하고 손과 팔로 물건을 잡거나 움직이는 AI기술이 빠르게 발전하고 있다. 미래에는 이러한 기술은 가정환경에서 정리정돈을 하거나 쓰레기를 분리수거하고 식기세척기에 식기를 넣는 등 일상생활에 많은 도움을 줄 수 있을 것이다.

AI가 이와 같이 언어 능력, 시각 능력, 행동 능력을 갖추기 시작한 것은 기계가 학습을 통해서 스스로 지식을 축적하는 머신러닝machine learning 또는 딥러닝deep learning 기술에 기인한다. 즉, 기계가 사람이 프로그래밍해 주는 대로만 실행하는 것을 넘어서, 데이터를 통해서 스스로 경험을 축적하며 문제해결 방법(알고리즘, 프로그램)을 학습할 수 있기 때문이다. AI는 텍스트나 이미지 데이터뿐만 아니라 어떤 데이터로부터도 지식을 자동으로 추출해 낼 수 있다.

예를 들어, 의사가 엑스레이X-ray 사진을 보고 폐암인지 아닌지를 판별한 데이터가 많이 있으면, AI는 이를 학습데이터로 활용하여 딥러닝 신경망을 훈련시켜서 폐암 진단 AI를 개발하고 새로운 엑스레이 사진들에 대해 폐암을 진단할 수 있다. 마찬가지로 신약을 개발하는 데에도 AI가 사용되는데, 약효가 큰 물질과 약효가 적은 물질들에 대한 실험 데이터가 축적되면 AI는 이들 데이터를 학습하여 어떤 신약 후보물질이 약효가 클지를 예측하고 그러한 후보물질을 찾아줄 수 있다.

최근에는 생성형 AI generative AI 기술이 눈부시게 발전하였다. 사진을 보고 강아지와 고양이를 구별하거나 엑스레이 영상을 보고 폐암과 정상의 패턴을 분류하는 것만 잘하는 것이 아니라, 새로운 패턴을 생성해 낼 수도 있다. 기존의 분류 기술은 많은 데이터를 모으고 나면 해당 데이터가 어떤 데이터인지 라벨 label 을 사람이 일일이 부여해야 했고 이 정보를 활용하여 감독 학습 supervised learning 을 수행했다. 하지만 생성형 AI의 경우, 강아지 사진을 많이 모아서 사람이 직접 해당 사진이 강아지라고 라벨을 부여하는 대신, 오직 데이터만으로 무감독 학습 unsupervised learning 을 수행하여 새로운 강아지 사진을 만들어 낼 수 있다. 이렇게 생성된 새로운 사진은 세상에 존재하지는 않지만 강아지 형태를 한 새로운 사진이다. 이런 기술이 예술에 적용되면, 반 고흐의 그림 데이터를 딥러닝 신경망으로 학습하면, 학습 후에 일반 사진을 딥러닝 신경망에 입력했을 때 출력으로는 반 고흐 스타일의 새로운 그림을 그려준다.

이는 그동안 인간만이 가질 수 있는 창의성이라고 여겼던 예술의 영역에서까지 AI가 쓰이기 시작한 것이라 해석할 수 있다. 생성형 AI는 사진 생성뿐만 아니라 연설문을 써주거나 보고서를 작성할 수도 있고, 심지어는 글로 장면을 묘사하면 묘사된 장면에 해당하는 그림이나 사진을 합성해 낼 수도 있다. 엄밀히 말해서 앞서 언급한 챗GPT도 생성형 AI라 볼 수 있으며, 이러한 최신 AI 능력은 모두 많은 데이터로부터 학습한 결과이다.

2. AI의 발전

AI 연구의 초기, 즉 머신러닝과 딥러닝 기술이 등장하기 전에는 사람이 아는 지식을 기계에 프로그래밍해 줌으로써 기계를 지능적으로 만들려고 시도하였다. 기계가 지능을 얻기 위해 필요한 수많은 세상의 지식을 기계에 프로그래밍하는 방식으로 넣어주고자 한 것이다.

　예를 들어, 의사가 체온·맥박수·혈압·기침 등의 변수($x1$, $x2$, $x3$, $x4$)를 고려하여 환자의 병을 진단하는 과정을 생각해 보자. 구체적으로, 체온이 임의의 값 $a1$보다 높고 맥박수가 임의의 값 $a2$보다 높다면 병 $y1$으로 진단하며, 혈압이 임의의 값 $a3$보다 낮고 기침이 임의의 값 $a4$보다 잦다면 병 $y2$로 진단한다고 가정한다. 이 경우 다음과 같은 규칙의 형태로 기계에게 지식을 넣어줄 수 있다.

if ((x1 > a1) and (x2 > a2)), then y1

if ((x3 < a3) and (x4 > a4)), then y2

이러한 방식으로 AI는 의사들의 지식을 규칙 형태로 가지고 있어서 이에 기반하여 추론하면 사람의 병을 진단하는 데 활용할 수 있다. 이 방식은 사람이 아는 지식을, 특히 언어적으로 명확히 기술할 수 있는 지식을 기계가 빨리 습득하도록 하는 방식으로는 유용하다.

그러나 진단이나 추론에 관련된 변수가 무엇인지 분명하지 않은 경우에는 명시적인 규칙의 집합, 즉 지식베이스를 구축하는 데 한계가 있다. 예를 들어, 사진을 한 장 주고 이것이 강아지인지, 고양이인지 구별하는 문제를 생각해 보자. 사진 속에서 코 모양, 코 색상, 눈 모양, 눈 색상, 귀 모양 등의 특징 (x1, x2, x3, x4, …)을 기반으로 다수의 if-then 규칙을 만들어서 강아지와 고양이를 구별하는 시도를 할 수는 있을 것이다. 그러나 이 방법은 아주 미세한 특징들도 반영해야 하여 비용과 시간이 매우 많이 든다. 무엇보다도 아주 많은 수의 특징 조합을 전체적으로 보고서야 동물을 구분할 수 있기 때문에 이러한 규칙기반 방식으로는 해결이 불가능하다.

최근 AI는 딥러닝 신경망을 학습함으로써 이러한 문제를 풀 수 있게 되었다. 강아지와 고양이를 구별하는 특징과 규칙을 사람이 프로그래밍하는 것이 아니라 수많은 데이터를 통해 기계가 스스로 학습하도록 유도한 것이다. 즉, 강아지 사진 1만 장, 고양이 사진 1만 장을 모아서 사진을 통째로 신경망의 입력 부분에 넣어 준다. 이때 코 모양, 코 색상 등의 특징이 아닌 사진의 픽셀들이 입력 $x1, x2, x3, \cdots$ 에 해당되게 한다. 그리고 출력으로는 강아지면 $y=1$, 고양이면 $y=0$이라고 알려주면, AI는 학습을 통해서 강아지 사진이 입력되면 0.8, 0.9처럼 1에 가까운 값을 출력하고 고양이 사진이 입력되면 0.1, 0.2처럼 0에 가까운 값을 출력한다.

　이러한 학습 방법의 장점은 사람이 미리 고차원 픽셀로 구성된 강아지, 고양이 사진들을 구별하는 특징을 정의하거나 그들의 조합을 설계할 필요가 없다는 것이다. 사람은 라벨을 달아준 강아지와 고양이 사진 데이터를 학습데이터 집합으로 제공하고, 기계는 이로부터 스스로 강아지 고양이를 구별하는 특징과 이들의 다양한 결합으로 된 지식을 신경망 형태로 학습해 내는 것이다. 각각의 층마다 1만 개의 뉴런을 가진 5층의 깊은 신경망으로 이를 구현한다고 하면 $10^4 \times 10^4 \times 10^4 \times 10^4 \times 10^4 = 10^{20}$ 개의 규칙들의 조합으로 강아지와 고양이를 구별하는 것으로 볼 수 있다. 이러한 복잡도는 사람의 머리로서는 도저히 해낼 수 없는 일이다.

검출	안면화				표상 SFC
및 위치파악					라벨

성별을 구별하는 페이스북의 딥러닝 신경망 AI모델 DeepFace. 왼쪽의 입력층에 사진을
입력하면 오른쪽으로 가면서 신경망층들이 패턴을 분석하여 오른쪽 끝의 출력층에서 남자인지
여자인지 구별해 준다.

〈그림 4-1〉은 얼굴 사진을 주면 남자인지 아니면 여자인지를
알아맞히는 딥러닝 신경망 구조를 보여준다. 이 신경망 구조는
입력에는 사진의 영상이 들어오고, 이어서 신경망층에서 사진의
특징들을 분석하는데, 다수의 신경망층을 사용하여 (이를 깊은 신
경망을 사용한 학습, 즉 딥러닝이라 한다) 마지막 출력 층에서는 남
자인지 여자인지를 구별해 낸다.

이와 같이 강아지와 고양이, 남자와 여자를 구별하는 AI를 분
류형 AI discriminative AI 라고 한다. 구글 딥마인드는 프로 바둑기사
들이 두는 바둑의 기보 데이터로부터 학습한 알파고를 개발하였
다. 바둑은 가로 줄의 수가 19개, 세로 열의 수가 19개이므로 19
×19=361개의 둘 수 있는 점이 존재한다. 바둑판에 돌을 놓을
수 있는 곳들을 고려하여 바둑판의 상황을 벡터 x=(x1, x2, …,
x361)로 표현하고, 어떤 수를 두었는지 y에 대한 데이터를 많이

수집한 후 이를 딥러닝 신경망으로 학습하여 사람처럼 바둑을 두는 AI인 알파고를 개발하였다.

바둑의 경우는 강아지 고양이 사진을 구별하는 것보다는 복잡하다. 왜냐하면 바둑은 한 수 앞만 보면 되는 것이 아니고 미래에 이길 수 있는 여러 수를 내다보고 현재의 수 y를 결정해야 하기 때문이다. 즉, 아직 가보지 않은 미래에 대한 예측을 기반으로 해서 현재의 수를 결정해야 하는데, 이를 평가하는 것을 가치함수 $V(x)$라 하고 가치함수 값을 최대화하도록 현재의 수 y를 선택해야 한다. 미래를 예측하며 순차적으로 의사결정을 할 수 있어야 한다.

이러한 순차적인 의사결정 문제를 푸는 방법으로 알파고에 연구 및 적용된 기술이 강화학습 reinforcement learning 이다. 그리고 이 강화학습과 앞서 소개한 딥러닝을 결합한 연구 분야를 딥 강화학습 deep reinforcement learning 이라고 한다. 바둑의 경우 보통 200수 정도를 두어야 승패가 결정되는데, 매 수를 둘 때의 상태 공간의 크기가 361차원이고 이것이 다시 200번의 순차적인 결합을 거친다고 보면 어마어마하게 큰 상태공간이어서 이를 추정하는 것은 난제이다.

〈그림 4-2〉는 알파고가 바둑을 학습할 때 사용한 딥러닝 신경망의 구조를 보여준다. 이 딥신경망은 현재 바둑판의 모양에서

〈그림 4-2〉 알파고의 딥 강화학습 신경망 모델

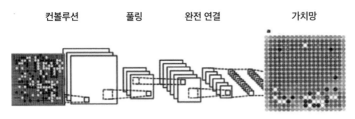

컨볼루션　　　　풀링　　　　완전 연결　　　　　가치망

알파고 AI가 바둑을 학습한 딥 강화학습 신경망 모델. 현재 바둑판의 모양에서 한 수를 둘 때
앞으로 미래에 이 게임을 이길 가능성이 높은 정도(가치함수 값)를 예측한다.

한 수를 둘 때 앞으로 미래에 이 게임을 이길 가능성이 높은 정
도, 즉 가치함수의 값을 예측해 준다.

AI는 최근 데이터를 분류할 뿐만 아니라 새로운 데이터를 생
성할 수도 있는 생성형 AI로 발전하였다. AI가 글을 작성하고(단
어를 순차적으로 생성), 그림을 그리는(화소를 생성) 것이다. 그러
나 생성형 AI의 원리는 분류형 AI를 기반으로 이해할 수 있다.

생성형 AI도 분류형 AI처럼 주어진 입력 패턴 x에 대해서 대응
되는 출력 패턴 y를 산출하는 것으로 볼 수 있다. 다만 분류형 AI
에서는 출력 y가 입력 x와 달리 라벨에 해당하는 것이며, 이에
반해서, 생성형 AI는 출력 y가 입력 x와 동일한 차원의 출력이라
고 보면 된다. 예를 들어서, 강아지를 고양이와 구별하는 대신에
강아지 사진을 생성하는 딥러닝 모델은 입력에 강아지 사진 x,
출력에 (같은) 강아지 사진 x를 주고 감독 학습하도록 하면 된다.

생성형 AI는 출력 라벨이 입력과 같아서 특별한 라벨을 필요로 하지 않는다는 점에서 무감독 학습과 같다.

즉, 생성형 AI는 주어진 입력 데이터들을 내부의 신경망 기억 장치에 압축하여 기억하도록 무감독 학습하는 알고리즘이라고 볼 수 있다. 최근에 구글에서 개발된 트랜스포머Transformer 형태의 모델은 순차적인 순서가 있는 출력 y를 생성하여 많은 생성형 AI가 필요로 하는 태스크들에 기본 구조로 사용되고 있다.

최근에 생성형 AI가 빠르게 발전하고 있다. 앞서 언급했듯이 챗GPT는 생성형 AI의 대표적인 예이다. 입력으로 질문에 해당하는 글을 써 주면, AI가 출력으로 질문에 대한 답을 자동으로 생성해 준다. 챗GPT는 인터넷에 있는 위키피디아나 디지털화된 대량의 문서들을 읽어서 무감독 학습한 거대언어모델을 가지고 있으며, 여기에 추가로 입력 프롬프트와 대응되는 출력 답변에 대한 입출력 데이터를 추가로 학습함으로써 활용 분야에 특화된 대답을 하도록 전이학습transfer learning 을 수행하였다. 뿐만 아니라 챗GPT는 스스로 생성한 글들에 대한 스스로의 평가함수를 가지고 있어서 자신이 글을 생성하고 자가 평가를 기반으로 재귀적으로 학습을 수행하는 강화학습 기반의 방법도 활용하고 있다.

생성형 AI는 글만 생성하는 것이 아니라 그림도 그려줄 수 있다. 예를 들어서, "뉴욕의 타임스스퀘어에서 강아지가 자전거를

〈그림 4-3〉 AI가 생성한 그림

두 개의 그림은 글로 묘사된 그림을 구글 Imagen AI가 자동으로 생성한 것이다.

타고 선글라스와 해변 모자를 쓴 장면을 그려줘"라고 글을 입력하면 〈그림 4-3〉에 보이는 것과 같이 실사와 같은 사진을 AI가 생성해 준다.

또 다른 유형의 AI로는 행동형 AI가 있다. 지금까지의 AI는 모두 글이나 그림이나 다른 기호로만 구성된 입출력에 대해서만 학습하고 판단하고 생성하는 일을 수행하였다. 소프트웨어와 같은 가상세계에서만 동작하였고, 물리적인 세계에서 직접적으로 행동하지는 못하였다. 이는 AI에게 몸이 없기 때문이다. AI가 신체를 가지고 센서와 모터를 가지고 있으면 물리적인 세계에 대해 직접 행동을 수행할 수 있다.

또한 AI가 신체를 가지면 다른 사람의 도움 없이 스스로 행동하고 그 결과를 스스로 지각함으로써 자가피드백이 가능하여 자

구글 PaLM과 로봇이 연결되어 사람이 주는 명령을 물리적인 행동으로 실행하는
구글의 AI로봇 RT.

율학습을 할 수 있다. 이러한 신체능력을 가진 "행동형 AI"는 보
통 로봇의 형태로 구현되고, 머신러닝 machine learning 을 넘어서 러
닝머신 learning machine 으로 발전할 수 있으며, 지금보다 AI의 활용
범위를 훨씬 더 넓혀주게 될 것이다. 기존의 분류형, 생성형 AI가
주로 문서 작업과 같은 정신노동을 대신해 주었다면, 몸을 가진
AI는 인간의 육체노동까지 대신해 줄 수 있게 된다. 궁극적으로
는 육체노동을 하는 행동형 AI가 다시 분류형 및 생성형 AI와 결
합되어 물리적인 노동을 필요로 하는 지적인 노동을 하게 될 것
이다. 사실 이러한 시도는 이미 시작되었다. 구글의 거대언어모
델인 PaLM을 자율이동로봇과 연동하여 사람이 말로 임무를 지

시하면 로봇이 이를 행동으로 실행하는 것을 데모하였다(〈그림 4-4〉). 서울대 AI연구원 AIIS 에서도 최근 사람이 자연언어로 업무를 지시하면 로봇 팔이 이를 알아듣고 수행하여 물건을 정리하는 것이 가능하다는 것을 보여주었다.

3. AI와 인간의 능력 차이

사람 지능의 기반이 되는 뇌와 기계 지능의 기반이 되는 컴퓨터의 특성을 비교하면 다양한 차이를 알 수 있다. 먼저 소자 수준에서 컴퓨터는 아주 빠른 속도로 동작하는 논리 소자를 기반으로 디지털 회로망으로 동작한다. 그에 비해서 뇌는 부정확하고 느린 신경세포(뉴런)들의 아날로그 회로망으로 동작한다. 컴퓨터는 중앙집중식 순차 처리에 기반하여 산술 논리 연산을 잘 수행하는 반면에, 뇌는 분산병렬형의 패턴 정보처리를 잘 수행한다. 컴퓨터는 프로그래밍이 쉽고, 프로그램으로 지시되는 명령이나 명시적인 지식에 기반한 과제를 정확하게 반복적으로 수행할 수 있다. 반면에 뇌는 프로그래밍이 어려운 대신 감각기관을 통한 경험에 기반해서 암묵적인 지식을 학습하고 기억하는 일을 잘 한다.

이러한 특성 차이는 뇌와 컴퓨터가 만들어지게 된 기원을 생

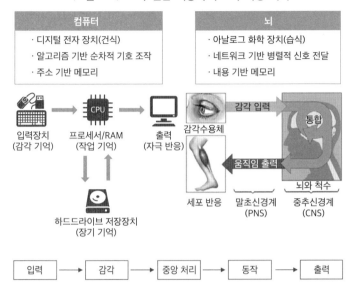

〈그림 4-5〉 AI와 인간 지능의 구조적 특성 차이

각해 보면 이해하기가 더욱 쉽다. 뇌는 생물학적으로 볼 때 기본
적으로 인간이 불확실한 주변 환경에서 새롭게 나타나는 다양한
문제들에 빠르게 대처하도록 행동을 결정하고 조절하는 장치로
발달하였다. 즉, 생존을 위해서 빠르게 상황을 파악하고 미래의
위험을 예측하는 능력이 중요하였다. 그에 반해서 컴퓨터는 정
확한 계산을 빠르게 반복적으로 수행하도록 설계된 장치이다.
계산을 정확하게 반복적으로 잘 수행하는 것은 빠른 예측을 잘
하는 것과는 다를 수 있다. 빠른 예측을 위해서는 정확도보다 정

황을 잘 파악하는 근사적인 계산이 더욱 중요하다.

또한 뇌는 그 구성 물질이 유기체로서 컴퓨터와 비교하여 내구성이 좋지 않고 안정적이지도 않으며 느리고 정확하지 않다. 뇌는 이러한 소자를 가지고 안정적인 빠른 예측을 하기 위해서 소자 수준에서보다는 전체 시스템 수준에서 유기적으로 조직되어 복잡한 네트워크망의 형태로 안정된 정보처리를 수행하도록 진화되었다. 따라서 뇌는 컴퓨터처럼 정확한 계산은 잘 수행하지 못하여도 전체적으로는 환경에 맞춰 행동하기 위해 필요한 정보 습득 능력, 지각, 기억 능력, 예측 능력이 발달되었다. 그에 반해서 컴퓨터는 주어진 명령을 정확하게 처리하는 것이 중요했기 때문에 프로그램을 정확하고 빠르게 수행하는 방향으로 진화하였다.

기억 능력과 특성 또한 뇌와 컴퓨터는 많이 다르다. 컴퓨터는 기억을 정확하게 저장하고 다시 정확하게 인출하는 능력이 뛰어나다. 또한 컴퓨터는 새로운 소자를 추가함으로써 용량을 계속 늘리는 것이 용이하였다. 그러나 사람의 뇌는 약 1.4킬로그램 정도의 작은 용량으로 복잡한 환경에서의 다양한 문제에 대처해 나가야 했다. 평생의 경험을 저장하기 위해서 과거의 기억과 현재의 기억을 연합하여 핵심적인 내용만을 저장하고 불필요한 부분은 망각하는 능력도 발달시켰다. 위험한 사건, 무서운 일, 놀라운 일에 대한 기억이 잘 유지되는 것은 생물학적으로 생명 유지와 관련된 기억이 중요하기 때문이다.

트랜스포머 등의 딥러닝 기반 초거대 생성형 AI 기술은 컴퓨터가 사람의 뇌신경망 구조를 모사하여 연상정보처리를 할 수 있게 만든 기술이다. 뇌의 장점인 초병렬 분산형 패턴 정보처리 능력을 갖고 컴퓨터의 장점인 빠르고 정확한 정보처리 및 용량의 확장성을 결합함으로써 AI는 다양한 인간의 능력을 모사하고 때로는 뛰어넘고 있다.

특히 최근 AI는 언어 능력에서 큰 발전이 있었고, 시각 능력 면에서 빠르게 발전하고 있으며, 행동 능력 또한 발달하기 시작하였다. 글쓰기나 기계 번역 등 언어 능력에서 AI는 벌써 인간을 능가하였다. 그러나 아직 AI의 능력이 인간보다 못한 영역도 존재한다. AI의 강점과 약점을 이해하고 또한 인간의 상대적인 강점과 약점을 이해하면 인간과 AI가 어떻게 역할 분담을 하는 것이 좋은지를 알 수 있을 것이다.

현재 AI가 사람보다 월등한 능력을 보이는 분야는 다양하다. 먼저, 디지털화된 데이터가 많이 존재하는 영역에서는 기계가 사람보다 월등할 가능성이 높다. 인간이 학습할 수 있는 데이터의 양에는 제한이 있고 또한 그 복잡도에도 한계가 있다. 그러나 기계는 많은 양의 데이터를 학습할 수 있고 더 많은 데이터를 경험할수록 더욱 더 유연하고 정확해질 수 있다. 기계는 기억 용량이 크고 또한 계속 확장할 수 있다. 따라서 위키피디아와 같은 텍스트 데이터를 모두 학습하여 백과사전과 같은 대량의 지식을 갖는 것은 이미 기계가 인간의 수준을 넘었다고 볼 수 있다.

반면에 인간도 기계에 비해서 월등한 영역이 있다. 아직 디지털화된 데이터가 존재하지 않거나 별로 없는 문제 영역이 그렇다. 현재까지 디지털화가 많이 된 데이터는 텍스트 데이터이다. 그래서 챗GPT와 같이 사람과 같은 언어 능력을 갖춘 AI 시스템이 먼저 등장하였다고 볼 수 있다. 한편, 시각 데이터의 경우는 시각정보 처리 문제의 복잡도에 비해 아직 충분한 데이터가 축적되지 않았다. 스마트폰이 나온 이래로 많은 사람들이 직접 찍은 사진을 인터넷이나 클라우드에 올리기 시작하였고, 자동차 블랙박스에 쌓이는 비디오, 교통 카메라, 감시용 카메라의 CCTV 데이터 등이 축적되어 왔다. 그러나 이러한 데이터를 아직 AI가 자동으로 분석 및 학습하기에는 문제 복잡도에 비해서 그 양이 턱없이 부족하다. 최근 영화, 드라마, 유튜브 콘텐츠 등의 비디오 데이터가 축적되고 있으며 이러한 데이터에 학습에 활용할 수 있는 주석이 달리고 정보가 추가되면 이를 AI가 학습하여 점차 시각의 영역에서도 일부 인간 수준의 능력을 갖추게 되며 발전할 수 있을 것이다.

AI가 사람보다 아직 능력이 떨어지는 부분은 신체를 사용하여 일을 수행하거나 현실 세계에 존재하며 다양한 감각, 즉 오감 정보에 기반하여 종합적으로 판단하는 영역이다. 이러한 문제는 문제해결에 주어지는 정보가 완전하지 않고, 부분적으로만 관측 가능하고, 불확실성이 큰 특징이 있다. 게다가 정보가 급격하게, 혹은 계속해서 변화하는 상황에서는 실시간으로 계속 환경에 적응하며 학습할 수 있어야 하는데 이러한 능력은 비교적 아직 AI가 갖추지 못하고 있다.

또한 명시적인 지식이 주어지는 영역에서는 AI가 일을 비교적 잘 수행하지만, 지식이 암묵적으로 축적되거나, 다양한 영역에 걸쳐서 포괄적이고 다면적인 사고를 필요로 하는 영역에서는 여전히 사람의 능력이 뛰어나다. 즉, 어떤 문제해결에 영향을 주는 아주 많은 요인들이 있어서 어느 것들이 적합하거나 관련되는지를 아는 것이 어려울 때, 사람은 이런 암묵적인 요인들을 동원하고 적극적으로 반영하여 문제해결에 활용하나 기계는 아직 이를 명시해 주고 데이터화해 주지 않으면 활용할 능력이 없다. 특히 사람의 경우는 몸을 가지고 있고 다양한 감각기관을 통해서 주변 정황을 파악하는 능력이 뛰어난 데 비해서, AI는 키보드나 마우스, 카메라, 마이크 등의 특수한 입력 장치만을 통해서 외부 세계와 교신하기 때문에 정보 접근 능력에 많은 제한을 가지고 있다. 물론 기계는 인터넷에 연결되어 사이버공간에 있는 다른 정보를 얻을 수 있는 능력은 인간보다 뛰어난 점이 있다.

기계는 단일 감각이나 단일 모달리티 modality 에 의존하여 정보를 처리하는 데 반해서 사람은 다양한 감각을 종합적으로 활용하여 멀티 모달multi-modal 로 세상을 지각하고 이해하는 능력이 뛰어나다. 이러한 능력은 특히 감성적인 요소를 기반으로 하는 판단을 내릴 때 유용하다. 이 경우에는 사람이 기계보다 우수한 성능을 보인다. 감성을 이해하는 데는 단순히 글로 된 정보도 중요하지만 이를 말로 했을 때 음성정보, 말할 때의 속도, 고저, 강약, 그리고 입 모양과 얼굴 표정, 제스처 등 다면적인 정보처리가 중요한데 AI는 아직 이렇게 다양한 정보를 활용하지 못한다.

요약하자면, 문제해결에 필요한 정보가 모두 존재하고, 그 정보가 깨끗하고, 불확실성이 없으면 문제가 아무리 복잡해도 AI가 인간보다 잘 해낼 수도 있다. 게다가 과거에 인간이 판단한 결과가 많이 쌓여 있다면 뇌보다 훨씬 큰 기억 용량을 이용해서 인간보다 잘 예측하고 수행한다. 그러나 아직 디지털화가 부족한 환경이거나 신체를 이용해서 물리적인 영향을 끼쳐야 한다면 인간과 달리 현실 세계의 많은 문제들에 접근하기 어렵다. 설령 접근할 수 있는 문제이더라도 환경 자체가 계속해서 변화한다면 AI는 인간과 달리 적응력이 부족하기 때문에 대응하기 어렵다. 불확실성이 많이 존재하거나 계속 변화하는 환경에서는 끊임없이 적응해야 하고 끊임없이 학습해야 하는데, 기계는 아직 인간에 비해서 적응 능력이 부족하기 때문이다.

그러한 새로운 상황에 대한 과거 데이터가 많이 존재하면 이를 학습해서 미래의 새로운 상황에도 대처하는 모델을 계속 학습할 수도 있을 것이나, 아직 데이터화가 되어 있지 않다면 AI는 새로운 상황을 만나서 적절하게 대응하는 것이 계속 어려울 수 있다. 이러한 부분이 AI가 아무리 발달해도 계속해서 인간의 도움이 필요할 수 있다고 보는 이유이다.

4. AI시대 인재상과 교육

지금까지 살펴본 바와 같이 AI는 많은 영역에서 인간이 잘 하던 일들을 해내고 있다. 반면에 아직 AI가 잘 하지 못하는 일들도 많으며, 여전히 인간의 능력이 더 뛰어난 영역들이 존재한다. 따라서 앞으로는 인간이 AI의 강점과 약점을 잘 이해하고 AI를 이용해서 문제를 잘 해결하는 능력을 갖추는 것이 더욱 중요해질 것이다.

최근의 AI 기술이 계속 증명하고 있는 한 가지 사실은 ① 문제가 잘 정의되고, ② 문제해결에 필요한 학습데이터가 충분히 많고, ③ 컴퓨팅 파워가 충분하면, 그 문제가 아무리 어려워도 딥러닝 AI 방식으로 해결할 수 있다는 것이다. 그리고 결국은 AI가 사람보다도 해당 문제를 더 잘 해결하게 만들 수 있다는 것이다. 기계번역 문제가 좋은 예이다. 기계번역은 문제 정의가 분명하지만, AI 역사의 초기부터 오랫동안 도전적인 과제로 남아 있었다. 그러나 오랫동안 번역문 학습데이터가 축적되고, 현재와 같이 컴퓨팅 파워가 좋아져서, 결국 딥러닝 트랜스포머 구조와 같은 복잡한 AI모델로 학습을 통해서 해결할 수 있게 된 것이다.

알파고 바둑 AI도 딥러닝 학습의 큰 성공 사례이다. 바둑 문제는 문제 복잡도가 아주 큼에도 불구하고 승패가 분명한 잘 정의된 게임 문제이고, 가상의 게임 세계 내에서 많은 학습데이터를 스스로 생성하고 평가하는 것이 가능해서, 학습을 통해서 인간 수준을 뛰어넘는 바둑 성능을 성취할 수 있었다.

최근의 챗GPT도 텍스트 데이터가 많이 존재하기 때문에 사람처럼 긴 글을 써주는 것이 가능할 정도로 기계를 학습시킬 수 있었던 것이다. 마찬가지로 그림을 생성하는 AI들도 영상 사진 데이터가 많고 컴퓨팅 파워가 충분하면, 학습을 통해서 사람처럼 예술적인 그림도 그릴 수 있음을 보여주고 있다.

그런데 아직 기계가 인간에 비해서 능력이 떨어지는 영역들이 분명히 존재한다. 한 가지는 문제를 잘 정의하는 능력이다. 문제 정의는 여전히 인간의 몫이다. 어떤 문제를 풀지, 그 문제를 어떻게 해결할지, 어떤 학습 모델로 학습할지, 어떤 목적함수를 사용할지, 무슨 학습 알고리즘을 사용할지, 학습데이터는 어떻게 수집할지 등은 여전히 사람의 몫이다.

특히 어떤 문제를 풀지를 결정하는 것은 인간이 정해야 하는 제일 중요한 일 중의 하나이다. 어떤 문제가 의미가 있으며, 더욱 가치가 있는지를 알아보는 것은 문제를 어떻게 푸는지를 생각하기 이전에 중요한 부분이다. 기계는 잘 정의된 문제를 해결하는 능력은 뛰어날 수 있어도 해결할 문제를 선택하거나 문제를 정의하는 능력은 아직 없다. 물론 AI가 문제 선택이나 정의를 위해서 사람을 도울 수는 있다. 그러나 이것 또한 사람이 정해준 범위에서 하는 것이므로 스스로 문제를 선정하는 능력이라고 보기는 어렵다.

다음으로, 정의된 문제를 해결하려고 할 때 그 전략을 수립하는 것도 여전히 사람의 몫이다. AI가 잘 해결할 수 있는 부분을 잘 찾아내는 것도 중요한 결정이다. 사람보다는 AI가 수행함으로써 더욱 효율적이고 경제적으로 빠르게 해결될 수 있는 일들이 많기 때문이다. 이를 위해서는 AI 기술의 원리를 제대로 이해하고 그 강점과 약점을 잘 파악하고 있어야 할 것이다.

AI의 수행을 감시하고 평가하는 일도 중요할 것이다. AI가 새로운 데이터로부터 학습하고 새로운 지식을 축적하면서 문제를 풀기 때문에, AI가 도출한 결론이 반드시 참이라고 보장하기 어렵다. 학습은 귀납적인 추론을 사용하며, 귀납적 추론에서는 도출된 결론이 반드시 참임을 보장할 수는 없기 때문이다. 학습 과정에서는 디테일과 노이즈를 제거하는 추상화 과정이 관여하고, 압축이나 요약과 같은 일반화가 관여하기 때문에 사실이 아닌 결론이 도출될 수 있다. 특히 초기에는 올바르게 학습이 되었는지, 문제를 제대로 풀고 있는지를 감시하고 평가하는 일을 전문적인 사람이 수행할 필요가 있다.

또한, AI가 악용·오용될 위험을 방지하기 위한 대책을 마련하는 일도 인간의 일이다. 인간 사회에서의 가치 기준, 윤리 도덕적인 통념을 반영하고, 법적인 이슈들, 사회 규범에 대한 규칙들이 잘 지켜질 수 있도록 보장하는 일도 인간의 몫이다.

AI시대에 인간이 하던 많은 일들이 AI가 대신하게 된다면, 미래에는 어떤 인재가 길러져야 할 것인가? 이러한 관점에서 AI 교육은 크게 세 가지로 나누어 볼 수 있다.

첫째는, AI를 이해하는 교육 "About AI" 교육이다. AI의 원리와 방법을 습득하고 강점과 약점을 이해하는 교육이다.

둘째는, AI를 활용하는 "Using AI" 교육이다. 즉, AI를 이용해 새로운 문제들을 풀 수 있는 능력을 습득하는 교육이다.

셋째는, AI 가치에 대한 교육 "Why AI" 교육이다. AI를 올바르게 이용하고 악용하지 않도록 하는 교육이다.

About AI 교육은 이미 다방면으로 이루어지고 있다. 초·중·고교에 AI 교과가 도입되기 시작하였으며, 대학에서 교양과목으로 전교생이 AI의 원리와 기반 기술을 배울 수 있는 기회들이 생기고 있다. 또한 다양한 강의, 강연, 세미나, 토론회 등을 온라인 기록한 언론 매체를 통해서 AI에 대한 기본 소양을 쌓을 기회는 많다. 다만 AI의 발전 속도 또한 그에 못지않게 빨라서 최신 AI 기술을 이해하는 것이 그리 쉬운 일은 아닐 수도 있다.

AI가 빠르게 발전하면서 더욱 중요해지는 것은 Using AI, 즉 AI를 잘 활용하여 새로운 문제, 보다 어려운 문제, 그동안의 난제를 해결할 수 있도록 융합적 사고 능력, 창의적·비판적 사고 능력을 함양하는 것이다. 과거처럼 단순 사실의 암기나 지식의 전달을 위한 교육보다는 문제를 바라보는 시각, 문제해결 전략에 대한 사고력을 함양하는 교육이 더욱 중요해지고 있다.

마지막으로 또한 중요한 것은 AI 가치에 대한 Why AI 교육이다. AI가 국가 주도권 경쟁에 중요한 요소가 될 만큼 산업 경제적인 영향력이 큰 것이 사실이다. 그러나 이에 못지않게 중요한 것이 AI의 윤리적, 법적, 사회적 이슈ELSI, ethical, legal, social issues 이다.

AI를 학습시킬 때 남의 데이터를 도용하거나, 가짜 사진을 합성해서 범죄에 이용할 수도 있다. 이렇게 AI를 악용, 오용하거나 프라이버시를 침해할 경우 법적 분쟁의 소지가 발생할 수 있다. 또한 AI는 편향성을 가질 수도 있고, 공정성에 영향을 미칠 수 있는 소지가 존재한다. 따라서 AI를 올바르게 활용하고 사회적인 정의를 실현하기 위해 이러한 가치 교육이 매우 중요하다.

5. 나가며

이 글에서는 AI의 개념과 원리를 살펴보고 최근 AI 기술 발전의 수준을 알아보았다. 이어서 AI가 사람보다 잘 하는 일은 무엇이며, 반대로 아직 사람이 AI보다 뛰어난 점은 어떤 것이 있는지를 살펴보았다. 이를 바탕으로 미래에 인간과 AI가 어떻게 상호 협력할 수 있는지에 대한 아이디어를 얻을 수 있을 것이다.

인간은 AI가 점차 인간의 일을 대신하게 되는 것에 대해서 두려워할 것이 아니라, 보다 적극적으로 AI를 활용하여 더 중요한 새로운 문제들을 찾아서 풀어야 한다. 또한 인간이 모든 문제를 직접 해결하기보다 근본적인 문제를 파악하고 AI를 가르쳐서 효율적으로 해결해야 할 것이다. AI가 잘 할 수 있는 일은 AI에게

시키고, 인간은 AI를 가르칠 수 있는 능력을 함양하는 것이 중요하다. AI는 좋은 도구이며 이를 이용하여 인간은 보다 편리하고 여유로운 삶을 영위할 수 있을 것이다. 다만 시대에 뒤처지지 않으려면 AI 발전을 주시하고 적극적으로 활용하여 보다 부가가치가 높은 일을 찾아서 해결하려고 시도하여야 할 것이다.

마지막으로 AI시대에 바람직한 인재상과 그러한 인재를 기르기 위한 방안에 대해서 논의하였다. AI의 시대에도 인간이 더 잘할 수 있는 일들은 분명히 존재한다. 특히 환경이 급격히, 혹은 계속 변화하여 불확실성이 높은 상황에서 장기적인 목표를 수행할 때, AI의 도움을 받더라도 여전히 인간은 종합적이고 다면적인 평가와 감시를 할 필요가 있다. 또한 중요하고 가치가 큰 문제가 무엇이고 그것에 어떻게 접근해야 할지 등에 대한 전략을 수립할 때는 여전히 인간의 능력이 필요할 것이다. 그런 점에서 과거의 교육이 해 오던 것처럼 파편화된 지식 전달이나 방법 개발에 집중하기보다는, 종합적인 사고력을 기르고, 문제를 바라보는 다양한 관점과 가치 판단 능력을 함양하고, 비판적이고 창의적인 사고력을 향상하는 방향으로의 교육이 더욱 중요해질 것이다.

5장

대학교육과
도구로서의 생성형 인공지능

박섭형

1. 들어가며

강의, 교과서, 대면 상호작용이 학문 교육의 핵심을 이루는 전통적인 교육 방식은 수 세기 동안 고등교육의 초석이 되어 왔다. 전통적인 교육 패러다임에서 오랫동안 중추적인 역할을 해온 교사-학생 관계는 직접적인 대인관계가 특징이며 지식 전달의 통로 역할을 한다. 교사-학생 관계의 질은 본질적으로 학업 성취도 및 학생 참여도와 밀접한 관련이 있다. 강력한 교사-학생 관계는 개인화된 학습 환경을 조성하여 교육자가 개별 학생의 고유한 학습 스타일, 선호도 및 과제를 이해하고 이를 충족할 수 있도록 한다. 이러한 오랜 전통의 접근 방식은 그 자체로 효과적이기는 하지만, 오늘날 다양해진 학습자의 요구를 충족하는 데 어려움을 겪고 있다.

정보통신 기술 시대의 도래는 고등교육에 패러다임의 변화를 가져왔다. 컴퓨터와 인터넷의 도입부터 온라인 학습 플랫폼의 확산에 이르기까지 기술은 교육 환경을 점진적으로 변화시켰다. 이 러닝e-learning, 멀티미디어 리소스, 협업 온라인 도구는 현대 교육의 필수 요소로 자리 잡았으며, 지리적 경계를 넘어 교육에 대한 접근성을 확대했다. 다양한 정보통신 기술이 교육에 통합되면서 교육 리소스에 대한 접근성을 향상했을 뿐만 아니라 상호작용이 가능한 학습 경험을 제공하기 시작했다. 가상 교실, 교육용 앱, 멀티미디어 콘텐츠가 보편화되면서 기술이 더 이상 보조적인 요소가 아니라 학습 과정의 필수 요소로 자리 잡는 시대가 열렸다.

인공지능AI 은 우리 일상의 다양한 영역에 영향력을 확장하면서 우리의 생활과 업무처리 방식을 재편하고 있다. AI 기술이 발전하면서 AI의 패러다임을 전환할 만한 중요한 변화가 진행되고 있다. 이런 변화를 이끄는 기술이 생성형 AI이다. 생성형 AI는 학습된 데이터를 기반으로 새로운 콘텐츠를 생성할 수 있는 AI의 하위 분야에 속한다. 데이터 속에 숨겨진 패턴을 인식하고 예측하는 기존 AI 시스템과 달리, 생성형 AI는 한 단계 더 나아가 사용자 요구 사항을 충족하는 다양한 형태의 콘텐츠를 자발적으로 생성한다.

생성형 AI의 급속한 발전은 인간과 기술이 상호 작용하는 방식을 재편하고 있다. 대학 내 교육 및 연구 분야도 생성형 AI의 영향에서 벗어나 있지 않다. 학습, 추론, 문제해결 능력을 갖춘 AI는 우리가 가르치고 배우는 방식을 혁신할 기회를 제공한다. 교육에 생성형 AI를 도입하면 개인화된 학습 경로부터 실시간 적응형 평가에 이르기까지 오랜 과제를 해결할 가능성이 있다. 고등교육에 생성형 AI를 도입하는 것은 단순히 작업을 자동화하는 것이 아니라 개별 학습자의 고유한 요구 사항을 이해할 수 있는 지능형 시스템을 만드는 것이다. 즉각적인 지원을 제공하는 챗봇부터 교육 전략을 안내하는 예측 분석에 이르기까지, 생성형 AI는 각 학생의 강점과 약점에 맞게 교육 경험을 맞춤화할 수 있는 잠재력을 가지고 있다.

대학은 학생들이 빠르게 변화하는 세상을 헤쳐 나가는 데 필요한 지식과 기술을 갖추는 데 오랫동안 중요한 역할을 담당해 왔다. 그러나 생성형 AI 시대에 고등교육이 직면한 도전과 기회는 그 어느 때보다 복잡하다. 이 시기에 생성형 AI 기술이 고등교육에 미치는 영향을 파악하고 대책을 세우는 것의 중요성은 아무리 강조해도 지나치지 않다. 이 글에서는 생성형 AI와 에듀테

크(edutech 또는 edtech)의 발전 동향과 대학교육 환경에 미치는
영향을 살펴보고, 대학에서 도구로서 생성형 AI를 활용하는 방
법에 대해서 생각하려고 한다.

2. 딥러닝의 약진: 알파고에서 거대언어모델까지

AI 기술이 교육에 미치는 영향을 살피려 할 때, 현재 생성형 AI에
이르는 과정을 이해하는 것이 의미가 있을 것이다. 이 장에서는
알파고에서 시작해서 거대언어모델LLM 까지 AI가 발전하는 과정
을 간략히 살펴보기로 한다.

2016년, 알파벳(구글의 모회사)의 자회사인 딥마인드가 개발
한 알파고가 바둑 게임에 등장했다. 2015년에 유럽 바둑 챔피언
을 상대로 비공개 성능 평가를 마친 후에 세계 챔피언에 올랐던
이세돌 9단에게 도전장을 내민 것이었다. 알파고가 세계 최고의
바둑기사 중 한 명을 상대로 거둔 승리는 AI 역사에서 매우 중요
한 분수령이었다. 알파고의 승리는 AI의 한계에 대한 우리의 인
식을 근본적으로 바꾸어놓았다. 알파고의 성공은 단순한 보드게
임의 정복을 넘어 복잡하고 전략적인 사고를 통달할 수 있는 AI
의 잠재력에 대한 깊은 성찰을 불러일으켰다.

그러나 이러한 놀라운 성과에도 불구하고 AI에는 여전히 한계가 있었다. 알파고는 바둑이라는 영역에서 타의 추종을 불허하는 실력을 보여줬지만, AI를 다른 영역, 특히 더 넓은 맥락에 대한 이해와 창의적인 문제해결이 필요한 영역에 적용하는 데는 여전히 많은 어려움이 있었다.

바둑을 정복한 딥마인드는 2018년에 유럽 생물정보학 연구소 EMBL-EBI와 협력하여 아미노산 서열을 기반으로 단백질의 3차원 구조를 예측하는 알파폴드를 발표하였다.[1] 두 기관의 협력은 AI뿐 아니라 과학적 발견에서도 중요한 이정표가 되었다. 단백질의 구성 요소인 아미노산은 '단백질 폴딩'이라고 하는 자율적인 접힘 과정을 거쳐 복잡한 3차원 단백질 구조를 형성한다. 단백질의 3차원 구조는 단백질 기능을 결정하기 때문에 단백질 구조를 이해하는 것은 매우 중요하다. 단백질 구조를 정확히 예측하면 신약 개발, 질병 이해, 개인 맞춤 의학에 혁신을 가져올 수 있다. 아미노산 서열로부터 3차원 구조를 결정하는 "단백질 폴딩 문제"를 해결하는 것은 방대한 형태 공간과 복잡한 상호 작용으로 인해 매우 복잡한 것으로 악명이 높은 문제였다.

---

1   AlQuraishi M.(2019), "AlphaFold at CASP13", *Bioinformatics*, 2019 Nov 1; 35(22): 4862~4865. doi: 10.1093/bioinformatics/btz422. PMID: 31116374; PMCID: PMC6907002.

CASP Critical Assessment of Structure Prediction (단백질 구조 예측에 대한 비판적 평가)는 1994년부터 2년마다 개최되는 전 세계적인 단백질 구조 예측을 위한 커뮤니티 실험이다. 이 분야의 '세계 선수권 대회'로 간주하는 CASP에는 전 세계 100개 이상의 연구 그룹이 정기적으로 참여하고 있다. 2018년에 개최된 CASP13에서 알파폴드는 단백질 구조 예측에서 전례 없는 정확도를 달성하여 과학계를 놀라게 하며 1위를 차지하였다.[2]

알파폴드는 딥러닝 신경망 아키텍처, 특히 변형 자동 인코더를 사용했고, 단백질 데이터 은행의 알려진 단백질 구조에 대한 대규모 데이터 세트를 학습했다. 알파폴드는 아미노산 서열을 주면 단백질 내 각 원자의 3차원 좌표를 예측한다. 전통적인 분자생물학적 접근 방법으로 풀기 어려웠던 문제에서 생물학적 데이터 내의 숨겨진 패턴과 관계를 밝혀내는 능력이 있는 딥러닝 방법이 해결의 실마리를 찾아낸 것이다.

딥마인드의 알파폴드 공개 이후 전 세계 연구자들은 단백질 구조 예측이라는 복잡한 과제를 해결하기 위해 앞다투어 딥러닝 접근 방법을 사용하기 시작했다. AI의 능력이 보드게임 전략 탐색을 넘어 과학적 발견에 필요한 창의력과 문제해결의 영역으로

---

2   상동.

확장되기 시작한 것이다.

딥러닝은 자연어 처리 분야에서도 큰 진전을 이루기 시작했다. 2017년 구글은 자연어를 이해하고 생성하는 데 사용하기 위한 트랜스포머라는 구조를 발표했다.[3] 트랜스포머 구조의 공개는 AI 분야, 특히 자연어 처리 영역에서 중요한 전환점이 되었다. 트랜스포머 이전에는 자연어 처리의 순차적 작업에 순환신경망 RNN: Recurrent Neural Networks 과 장단기 기억 LSTM: Long Short-Term Memory Models 네트워크가 일반적으로 사용되었다. 하지만 RNN과 LSTM은 순차적 계산, 병렬화의 어려움과 같은 한계가 있었다. 트랜스포머의 등장으로 이러한 문제가 해결되어 자연어 처리 및 기타 AI 분야에 큰 진전이 이루어지기 시작했다. 트랜스포머의 셀프 어텐션 self-attention 구조는 모델이 입력 시퀀스에서 여러 위치를 동시에 고려할 수 있다. 자연어의 경우 트랜스포머 구조는 긴 문장에 포함된 단어 사이의 복잡한 종속성을 포착하는 모델의 능력을 향상할 뿐만 아니라 병렬화를 가능하게 하여 AI 모델을 최신 하드웨어에서 더 빠르게 훈련할 수 있는 길을 열었다.

트랜스포머 구조 발표는 거대언어모델의 대중화에 중요한 전

---

3   Vaswani, Ashish, et al.(2017), "Attention is all you need", *Advances in neural information processing systems* 30.

환점이 되었다. 구글의 BERT Bidirectional Encoder Representations from Transformers, 오픈AI의 GPT Generative Pre-trained Transformer, 메타 Meta 의 LLaMA, 아마존의 Titanic/Jurassic, 구글의 PaLM2와 Gemini, 앤스로픽의 Claude, 네이버의 HyperCLOVA X, LG의 EXAONE 등 많은 LLM이 트랜스포머 구조를 채택했다. LLM은 자연어 이해 및 생성, 기계번역, 감정 분석, 컴퓨터 프로그래밍 이해 및 작성 등 다양한 분야에 적용되면서 AI 환경의 필수적인 부분으로 자리 잡았다.

오픈AI는 자연어를 이해하고 생성할 수 있는 AI인 GPT 시리 즈를 2018년부터 발표하기 시작했다. 오픈AI 언어모델의 세 번 째 버전인 GPT-3는 2020년 6월에 공식 출시되었다. 무려 1,750억 개의 매개변수를 가진 GPT-3는 시를 창작하고, 컴퓨터 코드를 작성하고, 언어를 번역하고, 심지어 사실적인 질문에 답 할 수 있었다.

영국의 일간지 〈가디언〉의 편집장은 GPT-3가 작성한 글의 수준을 확인하기로 했다. 가디언은 GPT-3에게 '독자들에게 로 봇이 평화를 가져온다는 사실을 설득하는' 사설을 작성하도록 지시하기 위한 프롬프트 prompt 를 만들어 GPT-3에 전달한 후에 8개의 결과물을 얻었다. 이 당시 GPT-3는 지금의 챗GPT와 같 은 자연어 인터페이스를 제공하지 않아서 GPT-3에게 프롬프트를 주고 결과를 받기 위해서는 컴퓨터 프로그램을 사용해야 했다. 가디언 편집장은 GPT-3가 제시한 서로 다른 주장의 8개 사설 중 한 편을 전부 게재할 수도 있었지만 각 사설에서 가장 좋은 부분을 골라 편집하기로 했다. 2020년 9월 8일, 최종 결과물이 다음과 같은 제목의 기고문으로 게재되었다.

'A Robot Wrote This Entire Article. Are You Scared Yet, Human?'[4]

이 기고문의 저자는 GPT-3로 결정되었다. 이 기사는 인간과 AI 간의 협업 가능성을 보여주었다. GPT-3가 기사를 작성했지만, 편집은 여전히 인간 편집자가 담당했다. 이러한 공생 관계는 AI가 인간의 창의성과 표현력을 어떻게 강화할 수 있는지를 잘 보여주는 사례로 볼 수 있었다. 반면에 일관되고 설득력 있는 글을 작성하는 GPT-3의 능력은 인간과 AI 상호작용의 미래에 관한 질문을 제기하기에 충분했다. 윤리, 창의성, 인간과 기계 지능의 경계에 대한 논의가 더 이상 미래의 주제가 아닌 현실의 문제로 다가왔다.

GPT-3 발표 후 약 2년 뒤인 2022년 11월 30일, 오픈AI는 챗

---

4 GPT-3(2023, February 2), "A robot wrote this entire article. Are you scared yet, human?", *The Guardian*. (https://www.theguardian.com/commentisfree /2020/sep/08/robot-wrote-this-article-gpt-3)

GPT를 웹 서비스로 대중에 공개하였다. GPT-3는 인간의 도움 없이 비지도 학습으로 훈련된 모델이고, GPT-3.5는 GPT-3 모델을 RLHF ^{Reinforcement Learning from Human Feedback} 기법을 통해 미세 조정 ^{fine-tuning} 한 버전이고, 챗GPT는 GPT-3.5를 사람과 대화할 때 자연스럽고 일관된 응답을 하도록 미세 조정한 모델이다. GPT-3.5와 챗GPT는 모두 GPT-3와 동일한 데이터 세트로 훈련된 것이지만 특정 사용 사례에 최적화된, 기능이 다른 모델이다. GPT-3 모델이 생성하는 결과에는 폭력적, 선정적, 차별적 내용 등 일반적으로 사용하기에는 부적절한 내용도 포함되어 있을 수 있다. 일반 사용자가 사용하기에 적절하도록 인위적으로 응답 내용을 수정하기 위해 사용된 기법이 RLHF이다.

AI 분야에서 생성형 AI 기술은 2014년부터 집중적인 연구 대상이 되기 시작했는데, 이후 10년이 채 되지 않는 짧은 시간 동안 생성형 AI 기술은 비약적으로 발전했다. 특히 2022년에는 DALL·E나 미드저니 등과 같은 텍스트 설명으로부터 이미지를 생성할 수 있는 서비스가 다수 출시되면서 생성형 AI 기술이 대중의 인식 속에 자리 잡게 되었다. 2022년 11월 30일에 출시된 챗GPT는 전 세계 사용자의 관심을 사로잡으며 생성형 AI 기술의 대중화를 촉진하는 역할을 했다.

생성형 AI 기술의 급속한 발전은 산업 영역을 넘어 교육 영역에 큰 영향을 미치기 시작했다. 챗GPT가 공개된 이후, 교육 및 연구 커뮤니티에서는 그 영향을 주시하며 대응하기 시작했다. 교육자들 사이에서는 챗GPT가 학습에 미치는 영향에 대해서 낙관론과 우려가 교차했다. 학생 개개인의 수준과 필요에 따라 언제 어디서나 도움을 받을 수 있다는 측면이 낙관론의 배경이었다. 반면에 학생들의 부정행위 및 표절이 쉬워 교육 경험에 방해가 될 가능성, 부정확할 수 있는 정보의 유포 가능성, 학생들이 학습 내용을 이해하지 못한 채 과제, 시험 또는 에세이의 답을 찾는 데 챗GPT를 오용할 가능성을 우려하는 교육자들도 있었다.

챗GPT가 공개된 직후인 2022년 12월 12일, 로스앤젤레스 통합 교육구는 실제로 챗GPT의 사용을 금지하는 조치를 발표했다. 이 조치는 위험과 편익 평가가 진행되는 동안 학업 정직성을 보호하기 위해 시행되었다. 미국 내에서는 워싱턴주의 시애틀 공립학교, 뉴욕주의 뉴욕시 공립학교, 메릴랜드주의 몽고메리카운티 공립학교 등 다수의 통합 교육구와 공립학교도 교내에서 챗GPT 사용을 금지했다. 이러한 조치는 교육적인 측면에서 타당한 의도에 기반을 둔 것이지만, 교육 환경 내에서 챗GPT의 영향을 효과적으로 완화하는 데는 어려움이 있었다.

대학도 챗GPT 대응책을 마련하느라 분주해졌다. 프랑스의 시앙스 포 Sciences Po, 인도의 RV대, 영국의 옥스퍼드대, 케임브리지대, 러셀 그룹의 6개 대학, 브리스틀대, 맨체스터대, 에든버러대 등 다수의 대학이 챗GPT 사용을 금지하기 시작했다. 미국의 세인트루이스 워싱턴대는 챗GPT를 금지하지는 않았지만, 학업 정직성 정책을 업데이트하여 표절의 정의에 생성형 AI를 포함했다.

체그^{Chegg}, 코스히어로^{Course Hero} 등 미국의 온라인 교육 제공 업체는 주로 학생들의 숙제 해결을 지원함으로써 교육 영역에서 독자적인 시장을 개척해 왔다. 온라인 과외 업계는 이미 학생들의 학업 정직성을 훼손하고 있었다. 학생 관점에서 보면 챗GPT를 이용하는 것은 인터넷 검색 서비스나 온라인 과외 서비스를 이용하는 것과 근본적으로 큰 차이가 없었다. 온라인 교육 업체 사이트에서 시험 문제 풀이, 숙제 풀이, 보고서 작성 등을 요청하던 학생들이 챗GPT를 사용하기 시작했다. 학생들이 학업의 도움을 받기 위해서 인터넷 검색 서비스나 온라인 과외 서비스를 이용하는 것을 대학이 금지할 수 있는 실효 있는 방법이 없듯이 챗GPT 사용을 막을 수 있는 현실적인 방법이 없었다.

챗GPT를 사용하는 학생이 증가하면서 온라인 교육 업체 사이트 접속자가 감소하기 시작했다. 그전까지 탄탄한 기반을 다져왔던 온라인 교육 서비스 산업이 챗GPT의 직격탄을 맞았다. 2023년 5월에 체그의 실적 발표가 있었다. CNBC의 보도에 따르면, 체그의 CEO인 댄 로젠스웨이그는 챗GPT가 체그의 성장에 부정적인 영향을 미쳤다고 인정했다. 처음에는 눈에 띄는 영향이 없었지만, 3월에 챗GPT에 대한 학생들의 관심이 급증하면서 신규 고객 가입이 감소했다. 그 결과, 체그의 분기 매출 전망치는 애널리스트들의 예상치를 훨씬 밑돌았다. 그 여파는 심각하여 체그의 주가는 하루 만에 절반 가까이 하락하여 시가총액 10억 달러가 사라졌다.[5] 체그는 GPT-4 기술과 자체 데이터를 활용해 체그메이트 CheggMate 라는 맞춤형 학습 플랫폼을 개발했다. 이 플랫폼은 사용자별로 맞춤화된 학습 경로, 퀴즈, 시험을 제공함으로써 개별 학생들의 학습을 지원하는 것을 목표로 하고 있으나, 그 영향력에 대해서는 아직 명확하지 않다.

2023년 3월에 성능이 대폭 향상된 챗GPT-4가 공개되었다. 성능 평가 결과를 보면 챗GPT-4는 대부분의 언어 영역에서 챗GPT-3.5를 능가했다. 챗GPT의 언어 능력은 일부 영역에서 제한적이지만 대학생 수준 이상으로 평가되었다. 챗GPT-4에는 사진 이해 능력이 추가되었다. 문자 언어 이해 기능에 시각적 이해 기능이 통합되어 시각정보가 포함된 질문을 이해하고 응답할 수 있

---

5   Min, S.(2023, May 2), "Chegg shares drop more than 40% after company says ChatGPT is killing its business", *CNBC*. (https://www.cnbc.com/2023/ 05/02/chegg-drops-more-than-40percent-after-saying-chatgpt-is-killing-its-business.html)

게 되었다. 예를 들어서, 헬륨가스로 가득한 수십 개의 풍선을 각각 줄로 묶은 사진을 보여주면서 줄을 끊으면 어떤 일이 발생할 것 같으냐고 물은 질문에 챗GPT-4는 풍선이 하늘로 날아갈 것이라는 답을 한다.[6]

챗GPT와 같은 통계 기반 LLM은 공통으로 치명적인 결함을 가지고 있다. 바로 '환각'이라는 것으로, 매우 확신에 찬 어조로 잘못된 정보를 제시하는 현상이다. 챗GPT는 논리적 추론이나 산술 연산에서 잘못된 답을 제시하기도 한다. LLM의 환각 문제는 생성되는 정보의 신뢰성에 대한 우려를 불러일으킬 뿐 아니라 특정 작업에 적용할 수 없는 한계의 원인이다.

환각을 완화하기 위해 크게 다음과 같은 두 가지 접근 방식을 사용할 수 있다. 첫 번째 방법은 이미 학습된 LLM을 수정하지 않고 프롬프트 조정을 통해서 환각 현상을 해결하려고 시도하는 것이다. 문맥 주입 context injection 은 입력 프롬프트에 추가 문맥을 도입하여 LLM이 더 정확하고 관련성 높은 응답을 생성하도록 유도하는 것이다. 원샷 one-shot 및 소수 샷 few-shot 프롬프트 방법은 LLM에 소수의 예시를 제시하여 문맥에 대한 이해를 돕고 좀 더 정확한 응답을 유도한다. 벡터 데이터베이스와 결합한 검색증강

---

6   GPT-4.(n.d.). (https://openai.com/gpt-4)

생성 RAG: Retrieval-Augmented Generation 은 도메인별 지식을 별도의 벡터 데이터베이스에 미리 구축하고, 입력 데이터에 대한 신뢰할 수 있는 지식 소스를 검색한 다음 LLM은 이러한 검색 결과를 활용하여 이해할 수 있는 답변을 제공하는 방법이다. 두 번째 방법은 미세 조정 방식인데, 이는 특정 도메인 지식으로 기존 LLM을 개선하여 정확도를 높이려는 시도이다. 그러나 이런 방법은 모두 환각 현상을 완화할 수는 있어도 환각의 근본 원인을 해결하지는 못한다.

트랜스포머 기반의 LLM이 문장을 생성하는 기본원리는 방대한 양의 데이터를 학습한 후에 문맥에 따라 통계에 기반을 두어 다음 단어를 예측하는 것이다. 글에 포함되어야 하는 논리적 추론이나 수치 연산의 정확성은 보장할 수 없는 방식이다. 이런 LLM을 통계적 단어 조작 시스템으로 부르는 이유이다.

2023년 3월 23일에 오픈AI는 챗GPT에 플러그인 기능을 통합하기 시작했다. 플러그인은 챗GPT가 최신 정보에 접근하고, 계산을 실행하거나, 타사 서비스를 사용할 수 있도록 설계되었다. 예를 들어, 뉴스 기사 요약을 생성하거나 질문에 답하거나 시나이야기와 같은 창의적인 콘텐츠를 작성하는 데 사용할 수 있다. 또한 챗GPT가 잘 해결하지 못하는 산술 연산이나 수학 문제 풀이 등을 플러그인을 통해서 전문 소프트웨어와 분업하는 것이 가능해졌다.

챗GPT에서 두 함수 $f(x) = x^2$와 $g(x)=-(x-1)^2+1$의 그래프를 그리고 두 포물선이 만나 만드는 영역의 넓이를 구하기 위해서 Wolfram 플러그인을 설정한 후에 그래프를 그리고, 넓이를 구해 달라는 프롬프트를 입력한 경우를 생각해 보자. Wolfram 플러그인은 먼저 프롬프트의 문맥과 의도를 파악하기 위해 챗GPT로 프롬프트를 보낸다. 챗GPT는 입력 프롬프트에 따라 응답을 생성해 플러그인으로 다시 보낸다. 플러그인은 응답을 Wolfram으로 전송하고, WolframAlpha는 프롬프트의 계산 부분을 처리하고 결과를 생성한다. 그 결과는 다시 플러그인으로 전송되고, 플러그인은 챗GPT에서 생성된 응답과 WolframAlpha의 결과를 결합하여 사용자에게 다시 전송한다.

〈그림 5-1〉, 〈그림 5-2〉, 〈그림 5-3〉은 사용자의 프롬프트와 화면에 나타난 최종 결과의 예이다.

통계 기반 언어모델로 작동하는 챗GPT가 특정 지식 영역을 처리하는 데 한계에 부딪히는 경우, 이러한 문제를 극복하기 위한 실행 가능한 솔루션으로 전문 소프트웨어가 포함된 협업 접근 방식을 사용할 수 있다. 이러한 시나리오에서 챗GPT는 자연어 인터페이스를 담당하여 사용자와의 효과적인 커뮤니케이션을 진행한다. 정확한 정보 전달, 복잡한 계산 실행, 논리적 추론

162

〈그림 5-1〉 챗GPT에서 플러그인을 이용해 그린 그래프

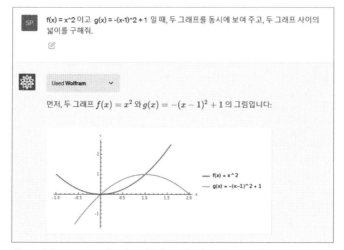

챗GPT에서 Wolfram 플러그인을 이용해 두 함수의 그래프를 그린 화면.

〈그림 5-2〉 챗GPT에서 플러그인을 이용해 넓이를 구한 결과

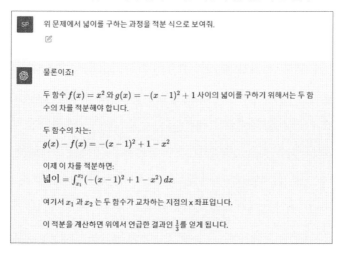

〈그림 5-3〉 넓이를 구한 과정을 단계적으로 설명한 결과 화면

SP 넓이를 구하는 적분 식을 푸는 과정을 단계적으로 설명해 줘.

물론이죠! 두 함수 $f(x) = x^2$ 와 $g(x) = -(x-1)^2 + 1$ 사이의 넓이를 구하기 위해 적분을 풀어보겠습니다.

1. 먼저 두 함수의 차를 구합니다:
   $g(x) - f(x) = -(x-1)^2 + 1 - x^2$
2. 이를 전개하면:
   $g(x) - f(x) = -x^2 + 2x - 1 + 1 - x^2 = -2x^2 + 2x$
3. 이제 이 함수를 적분합니다:
   넓이 $= \int_{x_1}^{x_2} (-2x^2 + 2x)\, dx$
4. 적분을 계산하면:
   넓이 $= \left[-\frac{2}{3}x^3 + x^2\right]_{x_1}^{x_2}$
   $= \left(-\frac{2}{3}x_2^3 + x_2^2\right) - \left(-\frac{2}{3}x_1^3 + x_1^2\right)$
5. x_1 과 x_2 는 두 함수가 교차하는 지점의 x 좌표입니다. 이를 구하면 $x_1 = 0$ 및 $x_2 = 1$ 입니다.
6. 이 값을 대입하면:
   넓이 $= \left(-\frac{2}{3}(1)^3 + (1)^2\right) - \left(-\frac{2}{3}(0)^3 + (0)^2\right)$
   $= \frac{1}{3}$

따라서 두 함수 사이의 넓이는 $\frac{1}{3}$ 입니다.

등 챗GPT의 기능을 넘어서는 특수한 영역에서는 전용 전문 플러그인과 통합이 매우 중요하다. 이러한 협업 전략은 챗GPT의 내재적 제약을 인정할 뿐만 아니라 전문 도구의 강점을 전략적으로 활용하여 기능을 보강하는 것이다. 전문 소프트웨어와의 통합을 통해서 챗GPT의 활용 범위를 확장할 뿐만 아니라 다양한 지식 영역을 효과적으로 다룰 수 있다.

3. 에듀테크와 AI

인류는 역사를 통틀어 도구의 힘을 활용하여 삶의 방식을 개선하거나 풍요롭게 하는 노력을 지속해 왔다. 도구의 사용은 기술의 발전, 효율성 증대 또는 기타 긍정적인 결과를 통해 인간이 삶의 질을 높이는 수단으로 간주됐다. 도구를 사용한 혁신 추구는 교육 분야에도 적용되어 에듀테크라고 하는 교육 기술 분야를 탄생시켰다.

에듀테크는 기술을 활용해 교육의 질을 향상하는 것을 목표로 빠르게 성장하고 있는 분야로, 온라인 강좌, 디지털 교과서, 교육용 앱 등 다양한 도구와 리소스를 포함한다. 에듀테크는 우리가 배우고 가르치는 방식을 혁신하여 모든 나이와 배경의 학생들이 교육에 더 쉽게 접근하고 참여하며 효과적으로 학습할 수 있도록 도움을 줄 수 있다.

기계식 에듀테크의 기원은 오하이오주립대의 심리학과 교수였던 시드니 프레시 Sidney L. Pressey 가 최초의 교육용 기계를 발명한 1920년대 중반으로 거슬러 올라간다. 프레시는 학생들의 객관식 문제 풀이를 관리하기 위한 기계를 제작했다. 이 기계에는 창이 하나 있는데 그 창에는 질문과 네 개의 답이 표시된다. 학생이 선택한 답의 키를 누르면 기계는 학생의 답을 기록했다. 나

중에 이 기계를 학생이 정답을 선택할 때까지 다음 문제로 넘어가지 않다가 정답을 선택한 후에 다음 문제를 표시하도록 개량했다.

1960년대에 들어서 미국에서 디지털 컴퓨터가 교육에 접목되기 시작했고, 1970년대에 이르러 컴퓨터의 활용은 교육 목적을 넘어 채점 및 기록 보관을 포함한 행정 기능의 자동화까지 확대되었다. 그러나 1980년대에 이르러서야 개인용 컴퓨터의 도입으로 교육 환경의 패러다임이 바뀌면서 컴퓨터가 교실 환경에 널리 사용되는 시대가 열렸다. 1990년대에 인터넷의 등장으로 정보통신 분야에서 획기적인 발전이 이루어지면서 교육도 새로운 단계로 진입하게 되었다. 학생들이 정보에 접근하고 교육 리소스를 활용하는 방식이 근본적으로 변화하며 에듀테크의 새로운 시대가 열렸다. 인터넷은 교육을 세계화하는 촉매제가 되어 학생들이 언제 어디서나 세계 곳곳의 방대한 교육 리소스에 접근할 수 있게 되었다.

인터넷이 가져온 이러한 변화는 교육 자료의 접근성을 혁신적으로 개선했을 뿐만 아니라 더욱 유연하고 역동적인 학습 환경으로의 전환을 촉진했다. 이제 학생들은 물리적 교실의 제약을 뛰어넘어 다양한 학습 스타일과 선호도를 충족하는 풍부한 교육 리소스에 접근할 수 있게 되었다. 정보의 민주화는 이 시대의 특징이 되었고, 학습자는 각자의 필요에 맞게 교육 경험을 맞춤화할 수 있게 되었다.

디지털 컴퓨터와 정보통신 기술을 만난 에듀테크는 컴퓨터 하드웨어, 소프트웨어, 교육 이론의 시너지 효과에 힘입어 학습에 접근하는 방식에 패러다임의 전환을 가져왔다. 이제 에듀테크는 컴퓨터 하드웨어, 소프트웨어, 교육 이론 및 실습을 결합하여 학습 경험을 최적으로 촉진하는 포괄적인 개념으로 진화했고, 디지털 시대의 교육을 재정의하는 촉매제 역할을 하고 있다. 에듀테크는 온라인 학습 플랫폼의 보편화부터 접근성 높은 모바일 학습 애플리케이션, 컴퓨터 기반 교육 도구에 이르기까지 다양한 형태로 발전하고 있다.

디지털 컴퓨터와 정보통신 기술은 교육에 지대한 영향을 미쳤으며, 이전에는 불가능했던 새로운 형태의 학습과 교육을 가능하게 했다. 디지털 컴퓨터와 정보통신 기술은 상호작용이 더 활발하고 참여적이며 개인화된 새로운 학습 환경을 만들 수 있게 했다. 디지털 기술을 통해 교사는 개별 학생의 요구에 맞는 콘텐츠를 더 쉽게 제작하고 전달할 수 있게 되었다.

에듀테크에서 AI의 가장 중요한 응용 분야 중 하나는 각 학생의 학습 경험을 개인화할 수 있는 능력이다. AI는 학생의 성과와 행동에 대한 데이터를 분석하여 각 학생의 필요와 능력에 맞는 맞춤형 학습 계획을 만들 수 있다. 이는 학생들이 더 효과적이고 효율적으로 학습하고 참여도와 동기를 향상하는 데 도움이 될 수 있다. 에듀테크에서 AI의 또 다른 응용 분야는 교사 및 기타 교육 전문가가 수행하는 특정 작업을 자동화하는 기능이다. 예를 들어, AI를 사용하여 과제를 채점하고, 학생 과제에 대한 피드백을 제공하고, 수업 계획을 작성할 수도 있다. 이는 교사의 업무량을 줄이고 교사가 더 창의적이고 매력적인 교육에 집중할 수 있도록 도울 수 있다.

AI 기술을 교육에 활용하는 것은 최근에 나타난 현상이 아니다. AI 기술은 이미 지난 10년 동안 고등교육에서 다양한 방식으로 사용되었다. 크롬프턴과 버크가 실시한 체계적인 검토에 따르면 AI는 평가, 예측, AI 비서, 지능형 튜터링 시스템ITS: Intelligent Tutoring Systems, 학생 학습 관리 등에 사용되었다.[7] 또한 최근 몇 년 동안 고등교육 분야에서 AI에 관한 논문이 급격히 증가했으며 새로운 경향이 등장하고 있다는 사실도 밝혀냈다. 조사 결과에 따르면 전 세계 7개 대륙 중 6개 대륙에서 연구가 진행되었으며, 그중 중국이 출판물 수에서 선두를 차지했다. 가장 많은 연구

---

7   Crompton, H., & Burke, D.(2023), "Artificial intelligence in higher education: the state of the field", *International Journal of Educational Technology in Higher Education* 20, 22. (https://doi.org/10.1186/s41239-023-00392-8)

가 발표된 국가도 미국에서 중국으로 바뀌었다. 또 다른 새로운 경향은 연구자 소속으로, 이전 연구에서는 교육학과 출신 연구자가 부족한 것으로 나타났지만 최근에는 교육학과가 가장 우세한 학과로 바뀌었다. 언어 학습은 쓰기, 읽기, 어휘 습득을 포함하여 AI 기반 교육이 가장 많이 사용된 주제 영역이었다.

많은 전문가는 챗GPT와 같은 생성형 언어 AI를 교육에 통합하는 것은 엄청난 잠재력을 가지고 있다는 것에 동의한다. 챗GPT를 둘러싼 담론이 진화하면서 교육 영역에서 대화형 언어 AI의 이점을 활용하여 교육과 학습 경험을 강화하기 위한 노력이 시작되었다. 현대 대학에서 널리 사용되는 강의 기반 교육 방식은 산업혁명이 시작될 때 확립된 대중 교육 시스템에서 그 기원을 찾을 수 있다. 이 접근 방식의 본질적인 한계는 학생 수가 너무 많아서 각 학생에게 개별화된 일대일 지도를 제공할 수 없다는 점에서 분명해진다. 하지만 특정한 분야의 지식을 갖춘 AI 튜터를 배치하여 기존 교육의 제약을 뛰어넘는 시나리오를 상상해 보자.

생성형 언어 AI의 기능을 갖춘 이 AI 튜터는 각 학생의 독특하고 다양한 학습 요구를 수용하여 맞춤형 초개별화 학습 경험을 제공함으로써 교육 환경을 혁신하고 학생들의 학습 성과를 높일 수 있을 것으로 기대된다. 인간 교육자와 달리 AI는 휴식이 필요하지 않다. 24시간 내내 학생들을 지원할 수 있다. 학생들은 필요할 때마다 학습 자료, 설명, 연습 문제에 접근할 수 있을 것이다.

전 세계 학생들에게 무료 온라인 교육 리소스를 제공하는 것으로 유명한 칸 아카데미가 AI를 활용한 혁신적인 구상에 착수했다. 칸 아카데미에서 개발한 AI 기반 가이드인 칸미고 Khanmigo 는 GPT-4를 기반으로 한다. 칸미고는 학습자를 위한 튜터이자 교사를 위한 조력자 역할을 한다.

칸미고는 AI를 활용하여 모든 학생에게 일대일 과외의 혜택을 제공하고, 교육자의 수업 계획을 돕고 개별 학생에 대한 피드백을 제공한다. 교육자의 일상적인 작업을 자동화함으로써 시간을 확보하는 데 도움을 줄 수 있다. 교사의 관점에서 칸미고는 다방면의 교육 조교 임무를 수행하여 교육과정의 다양한 측면에서 교사를 지원한다. 이 AI 도구는 정답과 교수법을 알려주고, 수업 계획에 도움을 주며, 종합적인 진도 보고서를 생성한다.

칸미고의 가장 중요한 목표는 관리 및 교육 업무를 간소화하여 교육자의 역량을 강화함으로써 학생과의 의미 있는 일대일 상호작용을 키우는 데 시간과 에너지를 집중할 수 있는 귀중한 기회를 제공하는 것이다. 칸미고를 도입하는 목표는 개인화되고 영향력 있는 교사-학생 참여의 잠재력을 극대화하는 교육 환경을 조성하는 것이다. 또한 칸미고는 학생들의 글쓰기, 토론 및 협업을 향상하기 위한 프롬프트와 제안을 제공하는 글쓰기 코치 역할을 하기도 한다. 대화형 경험과 실시간 피드백을 통해 코딩 학습에 더 쉽게 접근할 수 있도록 돕는 기능도 있다.

2023년 여름, 하버드대는 컴퓨터과학 입문 과정인 CS50에 챗 GPT와 유사한 AI 기반 가상 튜터를 개발하여 도입하였다.[8] 'CS50 Duck'이라고 불리는 이 AI 챗봇은 오픈AI의 GPT-3.5 또는 GPT-4 모델을 사용하여 개발되었다. 이 프로젝트는 소프트웨어를 활용해 교사와 학생 간의 상호작용을 일대일 비율에 가깝게 만들고, 교육적 지도를 제공하는 주제별 전문가가 학생들과 지속적으로 상호작용하도록 설계되었다.

이는 학생들이 프로그래밍 코드를 더 잘 이해하고 코딩 기술을 개선하며, 수업 시간에 제기되는 질문을 해결하는 데 크게 기여했다. 이로 인해 교수진의 부담이 경감되었으며, 학생들로부터는 마치 개인 튜터를 두고 있는 듯한 효과적인 학습 경험을 제공한다는 긍정적인 평가를 받았다. 학생들은 수업을 듣는 기간 중에 챗GPT나 '깃허브 코파일럿 GitHub Copilot' 같은 즉각적인 답변을 제공하는 AI 도구 사용을 자제하라는 권고를 받았다. 이는

---

8 Liu R., Zenke C., Liu, R., Zenke, C., Liu, C., Holmes, A., Thornton, P., & Malan, D. J. (2024), "Teaching CS50 with AI".

챗GPT와 같은 도구가 학업 부정행위를 촉진하는 등 교육에 부정적 영향을 미칠 수 있는 점을 최소화하면서도, 인공지능의 잠재력을 활용해 학생들의 학습 경험을 강화하려는 노력의 일환으로 평가된다.

2023년 가을 학기 동안, 하버드비즈니스스쿨[HBS]은 MBA 기업가정신 과목인 기술벤처 창업 강의[LTV: Launching Technology Ventures]를 지원하기 위해 생성형 AI 실험을 시행했다. 이 과정에서는 오픈AI의 챗GPT-4와 수업 관련 정보를 저장한 벡터 데이터베이스를 결합한 RAG(검색증강생성)기술을 활용하여 학생들의 질문에 대답할 수 있는 챗봇인 챗LTV를 개발하여 수업에 도입했다.

학기가 진행되는 동안 학생들은 챗LTV를 수업 준비에 매우 유용한 자원으로 인식하게 되었다. 학생들은 챗봇에게 사례 연구, 데이터 분석, 약어 해석 등에 대해서 문의하기도 하고, 다양한 행정적인 문제에 관해서도 자문을 구했다. 챗봇에 대한 학생들의 관심과 흥미는 매우 높았으며, 그들은 이를 학습 경험을 향상시키는 데 도움이 되는 유용한 도구로 평가했다.

2023년 6월 교육부는 초·중·고교에 AI 기반 디지털 교과서를 도입하여 교육을 혁신하겠다는 야심에 찬 계획을 발표했다. 이 계획의 개요는 다음과 같다. 2025년부터 국내 초·중·고교에서 AI 디지털 교과서를 채택할 예정이다. AI 디지털 교과서는 학생 개개인에게 맞춤형 학습을 제공하는 것을 목표로 한다. 우선 초등학교 3학년과 4학년, 중학교와 고등학교 신입생이 디지털 맞춤형 교과서의 혜택을 받게 된다. 초기에는 수학, 영어, 정보학 등의 과목이 포함된다. 2026년까지 초등학교 5, 6학년과 중학교 2학년을 대상으로 디지털 교과서를 사용할 수 있게 된다. 국어, 사회, 과학, 기술·가정 등 4개 과목이 추가로 디지털 전환을 거치게 된다. 이후 몇 년 동안 한국사 등 역사 또는 고등학교 과목을 포함해 더 많은 과목이 추가될 예정이다.

AI 디지털 교과서의 기능은 다음과 같다. 학습 속도가 느린 학습자를 위해 기본 개념 이해와 같은 기본 학습 과제를 추천한다. 학습 속도가 빠른 학습자를 위해서는 토론, 수필 쓰기 등 심화 학습 과제를 제공한다. 그렇지만 디지털 교과서의 도입이 종이 교과서의 소멸을 의미하지는 않는다. 학생, 학부모, 교사 모두가 AI 디지털 교과서를 능숙하게 사용할 수 있을 때까지 두 가지 형식이 학교에서 공존할 것이다.

4. 생성형 AI를 결합한 대학교육

교육부는 2023년부터 비수도권 대학 중에서 '과감한 혁신'을 하는 30개를 순차적으로 선정하여 5년간 1천억 원씩을 지원하는 '글로컬대학30' 사업을 시행하였다. 11월 13일, 한림대를 포함한 10개 대학이 '글로컬대학' 첫해 사업 대상으로 선정되었다. 한림대가 내건 혁신 주제는 'AI 교육 기반의 창의융합 인재를 양성하는 열린 대학'이다. 글로컬사업을 통해서 AI에 기반을 둔 새로운 K-고등교육 모델을 구현하고 국내외에 확산하려는 야심찬 계획을 밝혔다.

K-고등교육 모델의 기본 개념은 AI 기능을 교육과정에 밀착 결합하여 학습자에게 초개별화 맞춤형 학습 경험을 제공하는 것이다. 이런 교육모델을 구현하기 위해서 〈그림 5-4〉와 같은 한림 AI 교육 솔루션을 개발할 예정이다. 이 솔루션 개발에는 '생성형 AI 기반 교육 서비스 플랫폼' 개발과 이 플랫폼을 활용하여 AI 역할을 구조화한 교수·학습 체제 혁신 및 AI 결합 교과목 개발이 포함된다.

한림 AI 교육 솔루션에는 LLM을 활용한 특화 분야 지식 및 고품질의 교육 전용 콘텐츠를 개발하여 제공하는 기능이 포함되어 있다. 교육에서의 챗GPT와 같은 LLM의 역할은 여전히 논쟁

〈그림 5-4〉 한림 AI 교육 솔루션

AI 기반 학습자 초개별화 맞춤형 교육 솔루션 구현

정기적 개별 맞춤 학습 관리

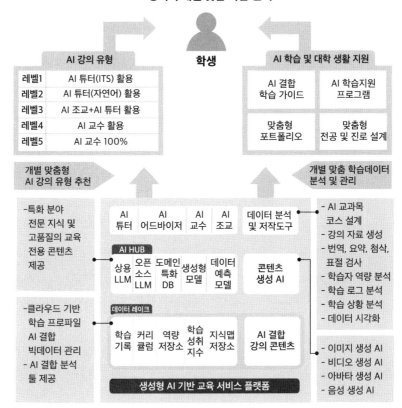

AI 강의 유형	
레벨1	AI 튜터(ITS) 활용
레벨2	AI 튜터(자연어) 활용
레벨3	AI 조교+AI 튜터 활용
레벨4	AI 교수 활용
레벨5	AI 교수 100%

학생

AI 학습 및 대학 생활 지원	
AI 결합 학습 가이드	AI 학습지원 프로그램
맞춤형 포트폴리오	맞춤형 전공 및 진로 설계

개별 맞춤형 AI 강의 유형 추천

개별 맞춤 학습데이터 분석 및 관리

-특화 분야 전문 지식 및 고품질의 교육 전용 콘텐츠 제공

AI 튜터	AI 어드바이저	AI 교수	AI 조교

데이터 분석 및 저작도구

AI HUB

상용 LLM	오픈 소스 LLM	도메인 특화 DB	생성형 모델	데이터 예측 모델

콘텐츠 생성 AI

-클라우드 기반 학습 프로파일 AI 결합 빅데이터 관리
- AI 결합 분석 툴 제공

데이터 레이크

학습 기록	커리큘럼	역량 저장소	학습 성취 지수	지식맵 저장소

AI 결합 강의 콘텐츠

생성형 AI 기반 교육 서비스 플랫폼

- AI 교과목 코스 설계
- 강의 자료 생성
- 번역, 요약, 첨삭, 표절 검사
- 학습자 역량 분석
- 학습 로그 분석
- 학습 상황 분석
- 데이터 시각화

- 이미지 생성 AI
- 비디오 생성 AI
- 아바타 생성 AI
- 음성 생성 AI

의 대상이 되는 것이 사실이다.

일부 사람들은 챗GPT를 학업 정직성에 대한 잠재적 위협으로 간주하여 신중론을 주장한다. 이러한 관점에서는 챗GPT가 부정 행위와 표절의 통로가 될 수 있다고 주장하며, 따라서 그 사용과 관련된 윤리적 영향에 대한 우려를 제기한다. 반면에 챗GPT를 학습 경험을 향상하고 교사의 부담을 덜어주는 유용한 도구로 인식하는 반대 관점도 있다. 영국 케임브리지대의 교육학부 교수인 스티브 왓슨은 "챗GPT를 콘텐츠 생성기로 보기보다는 커뮤니케이션을 자동화하는 보조 기술로 이해하는 것이 더 낫다. 챗GPT를 사회적 요구에 부응하는 보조 기술로 인식함으로써 우리는 소통과 교육 결과를 개선할 수 있는 잠재력을 더 잘 활용할 수 있다"라고 주장한다.[9]

앞에서 언급한 바와 같이 교육부는 2025년부터 국내 초·중·고교에서 AI 디지털 교과서를 보급하는 계획을 추진하고 있다. 하버드대와 예일대는 챗GPT와 유사한 기능을 하는 챗봇 형태의 AI 튜터를 컴퓨터 프로그래밍 교과목에 사용하고 있다. 칸 아카데미와 코세라 같은 온라인 교육 서비스 플랫폼에 생성형 AI에 기반

---

9   Watson, S., & Romic, J.(2023), "ChatGPT and the entangled evolution of
    society, education, and technology: A systems theory perspective", *European
    Educational Research Journal*, 14749041231221266.

을 둔 교육 및 학습 보조 기능이 활용되기 시작했다. 대학교의 교육과정에 AI를 통합하는 것은 미래의 비전이 아니라 피할 수 없는 현실이 되었다. LLM과 같은 생성형 AI 기능을 쓸 것인지 말 것인지 고민하기보다는 어떤 기능을 어떻게 쓸 것인지 계획하여 실행하는 것이 현실적인 대안이다. 고민하는 사이에 AI 기술은 발전을 거듭한다. 대학은 학생, 교수진, 교직원이 AI가 도입된 미래에 적응하고 준비할 수 있도록 지원해야 할 책임이 있다.

한림 AI 교육 솔루션을 구축하기 위해서는 LLM 훈련을 위한 특화 분야의 전문지식 데이터베이스 구축이 필요하다. 지식의 저장과 유통이라는 관점에서 LLM을 살펴보자. LLM이 등장하기 전까지 인류의 지식은 주로 책, 문서, 컴퓨터 파일, 웹, 그리고 사람 등을 통해서 저장되고 유통되었다. 방대한 양의 문자 데이터로 훈련된 LLM은 또 다른 형태의 지식 저장 수단이자 유통 수단이 될 가능성이 대단히 크다. 그런데 거대 자본으로 무장한 영어권 기업들이 주도하는 LLM 개발 경쟁에서 한국의 언어 주권이 심각하게 훼손될 가능성이 있다.

LLM을 훈련할 때 사용된 언어의 양과 질은 언어모델의 언어 능력에 절대적인 영향을 미친다. 훈련데이터의 품질이 균일하다면, 훈련데이터의 양이 많을수록 언어모델의 언어 능력은 더욱 향상된다. GPT-3를 훈련할 때 사용한 훈련데이터 중에 개별 언어의 양을 비교해 보면, 영어의 비율이 92%이고, 2번째가 프랑스어로 약 1.78%, 3번째가 독일어로 약 1.68%, 그리고 한국어는 30번째인 0.01459%로 알려져 있다. 훈련에 사용된 영어 문자 수가 한국어 문자 수의 약 6,312배이다. 챗GPT가 답하는 한국어 정보의 수준이 영어 답변에 비해서 낮은 이유이자, 영어권을 중심으로 개발된 LLM에서 영어권 이외의 사상과 문화에 대한 답변이 미흡한 현상이 나타나는 이유가 바로 훈련데이터에 포함된 언어별 양과 품질의 불균형이다.

웹에서 검색할 때 정보 소외 현상이 일어나듯이, LLM 훈련 과정에서 제외된 정보는 언어모델을 통해서 유통될 수 없다. 챗GPT-4의 한국어 수준이 챗GPT-3.5의 영어 수준과 유사하다고는 하지만 영어와 한국어 답변 사이에 여전히 품질 차이가 존재한다. GPT-4가 같은 길이의 답을 내는 과정에 드는 언어별 비용 오버헤드를 비교해 보면, 한국어 사용 비용이 영어보다 월등히 비싸다. GPT-4 API Application Programming Interface 를 사용해서 같은 길이의 답을 얻을 때 한국어를 사용하면 영어를 사용할 때보다 정확도가 낮은 답을 얻으면서도 영어를 사용할 때 드는 비용보다 많은 비용을 지불해야 하는 비효율을 감내해야 한다는 의미이다. LLM 개발 경쟁에서 한국의 언어 주권을 지키기 위한 고민이 필요하다.

대학이 담당해야 하는 중요한 역할 중 하나는 새로운 지식의 생산과 공급이다. LLM에서 한국 고유의 희소 고품질 자료의 가치는 대단히 높아질 것이다. 한국어 언어모델에 한국 고유 분야의 미세 조정 모델을 확보하는 것은 학문 주권 확보를 의미한다. 새로운 지식이 생산될 때마다 언어모델에 축적하기 위한 대학의 노력이 중요한 이유이다. 대학은 희소 고품질 교육, 연구용 자료를 확보하고 LLM에서 이를 활용할 수 있는 기반을 구축해야 한다. 현재 LLM 기술 수준에서 언어모델을 훈련하기 위해 코퍼스를 구축하고 정제하고 훈련하는 비용과 운용비용은 한 대학이 감당할 수 없을 정도로 고가이지만 앞으로 기술이 발전하면서 곧 개별 대학이 감당할 수 있는 수준이 된다면, 대학이 생산하고 축적한 자료의 가치는 매우 클 것이다.

생성형 AI 기반 교육 서비스 플랫폼을 효율적으로 구축하기 위해서 외부 도입과 내부 개발 사이의 전략적 균형이 중요하다. 상용 LLM이나 오픈소스 기초 모델 LLM은 대학교육에 필요한 전문지식이 부족하므로 특화 분야 LLM을 구축할 필요가 있다. 이 과정에서 대학의 고유 지적자산이 매우 중요한 가치를 갖는다. 대학의 지적자산을 체계적으로 관리하고 이를 LLM 개발에 공동 활용하기 위하여 관심이 있는 대학과 산업체의 협업이 매우 중요하다.

〈그림 5-5〉 생성형 AI 기반 교육 서비스 플랫폼을 결합한
가상의 교육 사례

AI 튜터와 함께 학습하는 학생

* 개별 학습자 데이터 분석을 기반으로
  1:1 맞춤형 학습 제공
* 학습자의 질문에 답변하고 관련 정보
  및 참고 서적을 추천하는 등 실시간
  피드백 제공

**AI 어드바이저와 함께 대학 생활을
주도적으로 설계하는 학생**

* 대학 생활 전반에 걸친 개별 학습자
  데이터 분석을 기반으로 성적 관리,
  상담, 진로, 취업 등을 24시간 질의응답
  서비스 제공

사람 교수를 대체하는 AI 교수

* 교수 자원이 부족한 첨단 분야의
  교육 제공
* 학습자의 성향 분석, 평가, 오류 분석,
  피드백, 학습 과정 자동 설계 등을 통한
  맞춤형 수업 실행

AI 조교와 함께 강의를 준비하는 교수

* 교수자는 수업을 총괄 기획하고,
  AI 조교를 강의 내용 구성, 자료 제작,
  평가에 활용
* 교수자는 학습관리 전문가, 조력자,
  동반자, 촉진자로서의 역할 수행

AI 기능을 결합하여 교과목을 효율적으로 운영하기 위해서는
이에 적합한 수업 운영 모델과 이에 기반을 둔 교과목 개발이 필
요하다. 한림대는 AI와 사람 교수의 협업을 통해 지식 전달부터

학생 개개인의 정서적 지원에 이르기까지 폭넓은 의미의 초개별화 AI 결합 교과목을 운영하려고 한다. 학생들은 능동적 학습과 초개별화 교육을 통해 미래 사회가 요구하는 역량을 강화할 수 있을 것이다. AI 결합 교육을 구현하기 위한 4가지 서비스인 AI 튜터, AI 어드바이저, AI 조교, AI 교수를 구현할 예정이다. 각 서비스의 기능과 특징은 〈그림 5-5〉에 설명되어 있다.

5. 나가며

헨리 키신저 전 미국 국무장관, 에릭 슈미트 전 구글 회장, AI 전문가 대니얼 허튼-로커가 공동 집필한〈월스트리트저널〉칼럼은 ChatGPT를 지적 혁명의 선구자로 표현했다.[10] 이들의 주장의 핵심은 AI시대가 직면한 시급한 과제, 특히 "인간 사고"의 본질을 정의하고 "인간과 기계의 협업"에 내재된 복잡성을 풀어야 하는

---

10 Kissinger, H., Schmidt, E., & Huttenlocher, D.(2023, February 24), "ChatGPT Heralds an Intellectual Revolution", *WSJ.* (https://www.wsj.com /articles/chatgpt-heralds-an-intellectual-revolution-enlightenment-artifi cial-intelligence-homo-technicus-technology-cognition-morality-philos ophy-774331c6)

과제에 초점을 맞추고 있다. 생성형 AI 시대에는 대학이 AI와 협업 방법을 찾아 실행하는 것이 대단히 중요한 과제가 되었다.

AI와 공존하며 세상을 살아야 하는 시대에 고등교육의 AI 대전환은 거부할 수 없는 시대적 요구이다. 교육자의 전통적인 역할, 커리큘럼의 구조, 교실의 역학관계가 다시 정의되고 있다. 대학은 AI 혁명의 수동적인 관찰자가 되어 관련성과 효율성을 잃어가면서 적응하기 위해 고군분투할 수도 있고, AI 기술을 적극적으로 활용하여 혁신하는 미래를 만들어갈 수도 있다.

고등교육에 AI를 통합하는 것은 기존의 경계를 넘어 학습을 발전시킬 수 있는 전례 없는 기회를 의미한다. 대학은 자기에게 맡겨진 역할을 계속 수행하기 위해 생성형 AI의 영향을 이해하고, 수용하는 데 있어 적극적인 자세를 취해야 한다. 이를 위해 대학은 급속히 발전하고 있는 생성형 AI 기술을 모니터링하고 대응 전략을 상시 수립하고 실행할 수 있도록 준비해야 한다. 생성형 AI 기술을 학습과 연구에 필요한 도구로 적극적으로 활용하되 생성형 AI의 오용을 방지하기 위하여 적절한 감시와 통제 노력도 해야 한다.

생성형 AI 기술이 발전할수록 사람들의 AI에 대한 의존도는 높아지고 AI는 인간의 사회적 상호작용과 관계 형성을 저해할 가능성이 크다. 생성형 AI의 능력 앞에서 직업 소멸에 따른 존재론적 위기감과 소외를 느끼는 사람들도 증가할 것이다. 이런 위기를 극복하기 위해서라도 인간의 감성, 사고 및 의사 결정력 등의 능력을 존중하며, 인간-인간 사이의 상호작용을 적극적으로 유도하는 노력이 필요하다. 한국 교육학의 선구자인 운주 정범모 선생님의 교육 원칙은 '사제동행'이다. 대학에서 교육은 교수와 학생이 서로 가르침을 주고받아야 한다는 것이다. '사제동행' 정신은 생성형 AI 시대에 더 가치를 발할 것으로 기대된다.

6장

불확실성의 시대,
'소확행'으로부터 대학 구하기
통합과 연결의 플랫폼 대학 생태계

조영헌

1. 들어가며: 불확실성의 시대,
   확실하게 길을 잃어버린 대학

불안함은 불확실성에서 말미암는다. 갑자기 길을 잃어버린 상황
에는 불안이 엄습한다. 게다가 잘 알고 있다고 생각하던 곳에서
길을 잃어버리면 더욱 혼돈에 빠진다. 각종 IT와 SNS를 통해서
전 세계가 실시간으로 연결된 듯한 2020년에 닥쳤던 코로나 팬
데믹은 그래서 더욱 큰 불안함과 혼돈을 우리에게 주었다. 이전
보다 더 안정적으로 '연결'된 줄 알았는데 연결과 접촉으로 인해
바이러스가 전 세계로 번졌고, 극단적인 '단절'과 '폐쇄'를 3년이
넘도록 경험해야 했다.

2020년 3월부터 연구 학기를 받아 중국 우한武漢으로 떠나려 했던 계획도 막혀 버렸다. 눈앞에 있는 것처럼 보였던 우한을 갈 수 없을 뿐 아니라 도시가 완전히 폐쇄되는 것을 그저 뉴스로만 접하면서, 갈 길이 사라져버린 당황스러움 속에서 막막했던 기억이 아직도 생생하다. 아무 곳도 갈 수 없었기에 5월에 제주도에서 '한 달 살이'를 했지만, 그 아름다운 제주의 풍광 속에서도 놀랍게 한 달 내내 불안했다. 아무것도 하지 않고 쉬어도 되는데 왜 불안했을까? 세상의 흐름, 하물며 현재의 혼란스러움과도 단절되었다는 격리감 때문이었을 것이다. '세상에서 뒤처지면 어떡하지?'

2학기에 학교로 복귀해서 뒤늦게 온라인 강의에 적응하는 과정에서 다시 남들보다 6개월 늦게 패닉에 빠졌다. 다행히 온라인 강의는 한 학기가 지날 때쯤 적응할 수 있었다. 그러나 언제 다시 이전과 같은 상황으로 돌아갈 수 있을지 아무도 모르는 불확실성 속에서 나뿐 아니라 모두가 불안했을 것이다.

코로나 팬데믹 기간에 재소환된 가요 가운데 '시인과 촌장'의 〈풍경〉이라는 곡이 있다. 1989년 발표된 곡인데, 반복되는 간단한 가사는 다음과 같다.

세상 풍경 중에서 제일 아름다운 풍경
모든 것들이 제자리로 돌아오는 풍경

'제자리'! 단순한 멜로디의 반복이지만, 이 노래가 많은 이들에게 공감을 불러일으키고 그들을 위로할 수 있었던 것은 '제자리'로 돌아오는 풍경에 대한 동경 때문이었으리라. 노래를 들은 이들 중 다수에게 '제자리'는 코로나 이전의 '평범한 일상'이라는 의미로 느껴졌을 것이다. 필자는 그 말을 '마땅히 있어야 할 자리'라는 의미로 받아들이며 공명共鳴을 느꼈다. 그 자리에서 벗어났기 때문에 다시금 그 소중함을 알게 된 '제자리'는 평범한 일상이자 본질적인 자리였다.

코로나가 잠잠해지기 시작한 2023년, 우리는 또 다른 불확실성의 시대에 돌입했다. 코로나 팬데믹으로 모든 것이 멈추거나 단절되었던 3년을 경험한 후, 세상은 다시 어떤 방향으로 가야 할 것인가? 코로나 이전에 하던 방식이 과연 옳은가? 모든 분야와 세상이 본격적으로 길을 잃어버린 듯하다. 아니, 누구나 인정하는 방향과 길이 없어졌다고 해야 맞을지도 모른다. 어쨌든 그 가운데 확실하게 길을 잃어버린 영역 가운데 하나가 대학이 아닐까? 김영민 교수는 이렇게 진단했다.

지난 30년 동안 대학은 착실하게 길을 잃었다. … 한때 대학의 권위를 수호했던 수문장들은 그 세월 동안 노골적인 도덕적 타락, 과도한 출세욕, 퇴색한 감수성, 망실된 총기, 깊어진 우울증과 더불어 역사의 뒤안길로 사라져 갔다. 너나 할 것 없이 대학의 개혁을 외쳤으나, 그 말에 값하는 개혁이 아직 이루어지지 않았다. 대학이 길을 잃은 줄 몰랐거나, 알아도 대충 알았거나, 진심으로 개탄하지 않았거나, 개탄하는 와중에도 꾸준히 눈치를 보았거나. … 대학은 이제 자유와 진리의 전당이기 이전에 산학협동의 전당이다."

이에 대한 김영민 교수의 처방은? "목전의 생존에만 집착한다고 과연 진짜 생존할 수 있을까. 생존 너머를 상상해야 생존하지 않을까."[1] 문제의식은 명쾌했는데 처방은 다소 모호했다. 이렇게 쉽게 나올 처방이었으면 애당초 길을 잃어버리지 않았을 것이다.

대학에 30년 동안 소속된 일원으로서 한국 대학의 길 잃음과 관련한 세 가지 맥락이 있다고 생각한다. 불확실성의 세 가지 맥락이라 할 수 있는데, 인구 급감, 사회 급변, 그리고 코로나 팬데믹이다. '인구 급감'과 '사회 급변'이라는 주어진 상황 속에서 최고의 고등교육 기관인 '대학大學'은 무엇을 "크게[大] 배우고 가르쳐야 하는가?" 여기에 세계적인 차원으로 진행된 코로나 팬데

---

1 김영민(2023.3.2.), "신입생들의 자유를 기원한다, 생존 너머를 상상하라", 〈중앙일보〉 칼럼. (https://www.joongang.co.kr/article/25144137#home)

믹으로 대면 접촉을 중심으로 진행된 기존 대학교육은 큰 전환기를 맞이하게 되었다. 이 글은 이러한 문제의식에 대한 2024년 시점의 대안 모색이다.

코로나 팬데믹 이후 길을 잃어버린 대학의 위기적 징후들은 적지 않다. 위기는 코로나 이전부터 누적된 현상이지만 코로나 팬데믹을 거치면서 명확하게 드러났다. 2024년 현재 대학이 대면하는 불확실성의 시대적 징표이기도 하다. 몇 가지만 열거하면, 이과생들의 문과 침공과 관련하여 '문송(문과라서 송구합니다)' 현상의 심화, 의학전문대학원 및 법학전문대학원으로의 쏠림 현상, 실용적인 학과로의 쏠림 현상, 마이크로 학위의 도입, 온라인 교육과 오프라인 교육의 경계가 무너진 것, AI를 중심으로 한 디지털 혁명을 들 수 있다. 특히 대학원은 서구 대학으로 쏠림 현상이 심화되고 있으며, 이에 따라 국내 대학원생들의 열패감(떳떳한 연구자로 평생 살 수 있을까? 국내 박사로 교수가 될 수 있을까?)이 강해진 것도 문제이다. 이제 인터넷 검색과 유튜브 등 온라인 세계에서 더 많은 지식과 정보를 습득하는 청년 세대들이 왜 굳이 학교에 가야 할까? 의무 교육까지는 이해할 수 있지만, 의무도 아닌 대학을 왜 가는가? 한국 대학은 누구를 위해, 왜 존재하는가?

길을 잃어버린 대학교육의 근본적인 문제를 깊이 들여다보면 '파편화된 교육', '단절된 학과', 그리고 '분열된 자아'가 발견된다. 대학교육과 학문에 종사하는 개인은 끊임없이 노력하지만 만족감과 행복을 얻을 수 없다. 핵심은 '서로 연결되지 않는다'는 데 있다. 한마디로 현재 대학은 대학의 본질적 의미를 망각한 '분열된' 대학, '파편화된' 대학이 되어버렸다. AI가 이 분열된 대학의 파편을 자동으로 연결해 줄 것이라 정녕 믿는가? 학생들에게도 '전인全人 교육'이 상실되었지만, 교수들 역시 '전인교육'과 무관한 사람처럼 가르치는 듯 보인다. 서로 단절된 채 각자의 연구실에 처박혀 살아가는 교수들 속에서 우린 얼마나 자유로운가!

백 수십여 개로 나누어진 분과 학문의 '통합'도 중요하지만, 한 학문 내에서도 연구와 교육의 분리 현상은 되돌리기 어려운 지경이 되었다. 어떻게 파편화된 연구와 교육을 다시 통합적으로 회복할 수 있을까? 어떻게 대학의 파편화 현상을 극복할 것인가? '대학大學'이라는 이름에서 그 본질을 회복하면서 위기에 대처할 가치 있는 방향을 찾아야 하지 않을까? 요컨대 이 글은 불확실성의 시대에 쉽고 빠른 '조언', '요령', '기술'과는 거리가 먼 본질적인 내면의 정체성에 관하여 검토해 볼 것이다.

2. 언제, 어디서 길을 잃어버렸나?: '소확행' 추구와의 관련성

한국의 대학은 언제, 어디서부터 길을 잃어버렸을까? 현상에 대한 분석과 미래 전망은 과거에 대한 진지한 성찰로부터 시작하는 것이 좋다. 여기서 미국의 대학교육에 대해서《영혼 없는 탁월성: 명문대는 어떻게 교육을 망각했는가》를 써서 의미심장한 비판을 제기했던 해리 루이스 전 하버드대 학생처장의 목소리를 상기할 필요가 있겠다. "우리는 대학의 과거를 돌아보아야 하는데, 이는 문제가 어디서 유래했는지 앎을 통해서만 장기적인 해결책을 찾을 수 있기 때문이다."[2] 단기적인 처방이 아니라 장기적인 해결책을 위해서 대학의 역사를 비판적으로 되돌아볼 필요가 있다는 제언이다.

한국에서 근대적 의미의 대학이 등장한 것은 서양 대학의 영향을 빼고는 논의하기 어렵다. 이는 한국뿐 아니라 아시아의 대학이 대부분 중세 대학에 기원을 둔 서양 근대 대학의 변형된 모습을 그 기원으로 삼고 있기 때문이다. 중세 이전에도 플라톤의

---

2 Lewis, Harry R.(2006), *Excellence without a Soul: How a Great University Forgot Education*, New York, NY : PublicAffairs, p. 18.

아카데미아와 같이 '고등교육'이라 부를 만한 교육은 있었지만, 우리에게 친숙한 형태의 학부, 칼리지, 교육과정, 시험, 졸업, 학위, 그리고 "학문에의 헌신"을 특징으로 하는 고등교육 시스템을 갖춘 대학은 12~13세기 파리와 볼로냐에 비로소 등장했다.[3]

19세기 말부터 20세기 초에 걸쳐 근대화를 지향한 아시아 각국은 서양의 근대 대학을 앞다투어 도입하여 자국화하려고 노력했고, 식민지 종주국 역시 자국의 대학 모델을 식민지에 이식하려고 힘을 썼다. 한국도 전통적인 대학 모델(성균관)을 대신하는 근대 대학 모델로 미국 모델(종파 칼리지 모델)과 일본 모델(제국대학 모델과 전문학교 모델)이 경합하는 형태로 고등교육 체제가 형성되었다. 즉 다양한 기원을 가진 "뒤얽힌 뿌리 twisted root"가 대학의 기초에 있다고 할 수 있다.[4]

해방 이후 한국의 대학은 무엇보다 미국의 영향을 강하게 받았다. 38도선 이남을 지배한 미국은 한국 교육정책의 대부분을 미국 모델에 따라 설계했다. 6-3-3-4의 기본 학제와 교육위원회 제도를 비롯하여, 고등교육에 있어서도 미국의 주립대를 모델로 하여 구 경성제국대를 국립서울대로 개편하고 한국인 유학

3   찰스 호머 해스킨스 저, 김성훈 역(2021),《대학의 탄생》, 연암서가, pp. 15~53.
4   우마코시 도루(馬越徹) 저, 한용진 역(2001),《한국 근대대학의 성립과 전개: 대학 모델의 전파연구》, 서울: 교육과학사, pp. 19~21.

생의 미국 파견과 미국인 교육전문가의 초빙을 이끌었다. 미국 일변도의 정책이지만 "민주 교육의 기초공사"가 이루어진 시기로 평가받기도 한다.[5] 곧이어 발생한 6·25전쟁으로 인해 한국의 재건은 미국의 원조 없이는 생각할 수 없게 되었고, 1950년 미국의 교육 원조 프로그램은 한국의 초·중·고등교육에 모두 적용되었다. 고등교육에 있어서 주요한 것으로 ① 서울대-미네소타대 협정(농학, 공학, 의학, 간호학 분야 원조, 행정대학원 신설), ② 조지 피바디 교육대 협정(교원양성시설, 프로그램, 연구사업 원조), ③ 고려대·연세대-워싱턴대(세인트루이스) 협정(경영관리분야 원조) 등이 있다.[6]

미국 단일 모델의 영향이 줄어든 것은 미국의 교육 원조가 사라진 1960년대 후반 이후의 일이다. 이후 한국 고등교육계는 '미국 종속형'에서 '자주 선택형'으로 서서히 이행했다. 또한, 국력의 증대에 비례하여 학술 민족주의가 대두되어 대학에서 교육과 연구의 한국화Koreanization가 진행되었지만,[7] 아직도 갈 길이 먼 영역이라 할 수밖에 없다. 그럼에도 불구하고 해방 이후 한국에서 대학은 교육의 최정점에서 한국전쟁으로 피폐해진 후진국

5   오천석(1964),《한국신교육사》, 현대교육총서출판사, pp. 377~415.
6   우마코시 도루(2001), p. 27.
7   우마코시 도루(2001), pp. 27~28.

수준의 한국을 중진국(개발도상국)을 넘어 선진국으로 이끄는 동력이 되었음도 부정할 수 없다. 지하자원이 태부족이고 북한의 존재로 유라시아 대륙과 섬처럼 단절된 대한민국에 대학은 분명 '인재 양성소' 기능을 해온 것이다.

그렇다면 언제부터 한국의 대학은 '인재 양성소'로서의 역할과 평판을 잃어버리고 존중받지 못하게 되었을까? 언론에서 자주 지적하듯, 사회의 발전 속도에 비하여 대학의 변화 속도가 느렸기 때문인가? 일부 대학에서 언급하듯, '학생 성공'에 주목하지 않았기 때문일까? 모두 '일리 一理' 있는 지적이겠지만, 핵심을 짚고 있지는 않은 듯하다.

필자는 대학이 그 본질에서 벗어나는 것에 부산스럽게 집중하게 되면서 길을 잃어버렸다고 진단한다. '대학大學'을 가르치면서 '큰 그릇'을 키워내야 하는 대학이 '소학小學'을 교육하면서 '작은 그릇'을 양산하는 곳으로 변해 가는 현상에 주목해야 한다. 이러한 현상은 대한민국만의 문제라고 보기는 어려우며, 해리 루이스도 지적한 것처럼 미국도 예외는 아니다. "학부 교육의 공허함은 큰 성공에서 말미암았다. … 영혼을 잃어버린 건 학생들이 아니라 그들을 가르치는 대학이다."[8] 즉, 해리 루이스는 미국의 명문

---

8   Lewis, Harry R.(2006), pp. 17~18.

대에서 교육이 공허해진 것은 오히려 대학이 성공의 사다리로 인식되면서 '영혼', 즉 '본질'을 잃어버린 것 때문이라고 진단했다.

이와 관련하여 한국 사회에서 '소확행'이라는 유행어의 등장과 확산에 주목할 필요가 있다. '소확행小確幸'이란 '소소하지만 확실한 행복'의 약칭으로, 일본의 소설가 무라카미 하루키村上春樹의 에세이《랑겔한스섬의 오후》(1986)에서 처음 사용되어 알려졌다.[9] 한국에는 2018년에 유행어 1위로 선정되어, 일상에서 실현될 수 있는 작지만 확실한 행복을 추구하는 삶의 경향을 대변하게 되었다.

개인적인 삶의 방식으로 '소확행'적인 태도를 부정적으로 볼 필요는 전혀 없다. 이러한 삶의 방식은 사실 무라카미 하루키 이전에도 존재하는 대단히 오래된 삶의 방식 가운데 하나일 뿐이다. 다소 극단적인 표현이기는 하지만, "자신의 터럭 하나를 뽑아 천하를 이롭게 할 수 있다고 하더라도 하지 않겠다"고 했다는 양주楊朱의 자애설自愛說은 기원전 '개인의 발견'이라 평가할 만

---

9   무라카미 하루키 저, 김난주 역(1994),《무라카미 하루키 수필집 3》, 백암, 〈소확행〉, pp. 49~50. 이 수필에서 무라카미 하루키는 "서랍 안에 반듯하게 접어 돌돌 말은 깨끗한 팬티가 잔뜩 쌓여 있다는 것"을 보는 즐거움이나 "막 새로 산 정결한 면 냄새가 퐁퐁 풍기는 하얀 셔츠를 머리에서부터 뒤집어쓸 때의 그 기분"을 "작기는 하지만 확고한 행복의 하나(줄여서 소확행)"라고 묘사했다.

한 개체주의^{個體主義} 이자 공동체보다는 자신을 귀하게 여기는[貴己] '소확행'의 원형이라 할 수 있다.[10] 필자 역시 바쁜 일정 속에서 탈진되지 않도록 개인적으로 틈틈이 '소확행'적인 여가 생활이나 여행을 즐기며 주변에도 추천하는 편이다.

문제는 '소확행'이 대학 사회의 구성원인 교수들의 가치관과 연구 영역까지 확산하는 데 있을 것이다. 이 글에서 언급하는 대학의 '소확행'이란, 거대 담론이 사라진 한국 대학의 작고 소소한 연구와 가치관의 확산을 말한다. 세상과 유리된 상아탑만의 작고 깊은 문제에 침잠하는 현상이다. 지금의 대학교수들은 "삶의 의미와 관련된 원대한 의문을 탐구하는 데도 무관심하고, 지적 모험을 감행할 배짱도 없"는 성취 지향적이지만 내적 자아와 영혼에는 관심이 없는 '소인배'들이다.[11] 교수가 '소확행'을 앞장서고 대학 당국이 이를 묵인하거나 조장하는 순간, 오히려 그 누구도 행복하지 않은 대학이 되었다. 본질에서 이탈하면서 대학이 그 본질과 부조화되었기 때문이다.

대학 사회에서 '소확행'의 배후에는 이른바 '객관주의 인식론'

---

10 이경환(2022),《중국 도가 윤리학: 천도를 미루어 인사를 살핀다》, 부크크, pp. 304~313.

11 파리드 자카리아 저, 강주헌 역(2015),《하버드 학생들은 더이상 인문학을 공부하지 않는다(*In Defense of a Liberal Education*)》, 사회평론, pp. 190~191.

이라 부를 수 있는 가치관에 경도된 경향성이 포진하고 있다. 즉, 주관성에 젖지 않은 순도 100%의 '객관성'으로 세계를 인식하기 위해 연구자는 연구 대상과 일정한 거리를 두어야 한다는 세계관이다. 학계에서는 19세기 이래 지금까지 이 주장이 지배적이었다. 이는 '주관성'에 대한 학계의 편견이자 우리의 시야를 제약하는 세계관이라 할 수 있다.[12]

물론 연구자와 연구 대상이 분리될 때 학문적으로 객관성을 보장받을 수 있는 결과물을 빠른 시간에 확보할 수 있다. 객관성 자체를 부정하거나 배제하는 것은 결코 아니다. 학술 결과물은 가능한 한 객관적이고 과학적인 데이터에 기초하여 많은 이들의 공감을 확보해야 한다는 것은 학계의 당연한 전제이다. 문제는 객관성을 넘어 '객관주의 인식론'으로 불리는 가치관에 대한 맹신으로 말미암아 주관성 내지는 객체와의 관계성 자체를 간과하거나 배제하는 태도에 있다.

이러한 인식론에 경도되면 연구는 객관적으로 확실하지만 작고 좁은 주제로 집중되기 마련이다. 크고 복잡한 문제에 집중했다가 단기간에 '객관적' 연구 성과가 나오지 못할 가능성이 높기 때

---

12 파커 J. 파머·아서 자이언스 저, 이재석 역(2018),《대학의 영혼: 대학은 어떻게 더 나은 인간을 만드는가》, 마음친구, pp. 113~114.

문이다. 이러한 시도는 위험도가 높은 '도전' 내지는 객관적이지 못한 '독단'이자 '주관'으로 간주된다. 따라서 객관주의 인식론은 소확행의 태도를 양산하는 배후의 인식론으로 기능하게 된다.

'객관주의 인식론'이 팽배한 학계와 대학에서 연구자의 정체성에 대한 고백과 나눔 및 이를 기반으로 장기간 진행되는 통합적인 인식론은 대단히 위험하기 짝이 없는 권유로 인식된다. 레포트나 연구 논문에 '나'라는 주체를 드러내는 것을 '유치'하거나 객관적이지 않다고 판단하는 정서도 여전히 강하다.[13] 주관성과 통합적인 사고를 두려워하고 그 대신 기술적, 객관적, 추상적인 것에서 확실한 안전판을 찾기 때문이다. 그 결과 객관주의 인식론은 학계에 만연한 '안전지대'와 같은 것으로, '소확행'의 인식론적 기반이 되었다.

대학 사회에서 '소확행'의 또 다른 배후는 철학적으로는 푸코와 데리다의 반이성을 따르는 포스트모던이 지향했던 바, 본질적인 존재를 인정하기보다는 불확정성을 강조하는 풍조이다. 모

---

13 미국의 사례이지만, 역사학 전공자 학생이 자신의 보고서에 "'나'라는 단어를 써도 됩니까?"라는 질문을 던지면서, "저는 역사학 전공자입니다. 보고서에 '나'라는 말을 쓸 때마다 점수가 깎인다는 것을 알고 있거든요."라고 했다는 이야기는 이러한 정황을 단적으로 잘 보여준다[파커 J. 파머 저, 이종인·이은정 역(2020), 《가르칠 수 있는 용기》, 한문화, p. 60]. 일부 예외도 있겠지만, 한국 대학의 상황과 크게 다르지 않다고 판단된다.

든 것을 현상現象이고 파편이고 비연속이라 보기에, 자아 역시 파편이 된다. 포스트모던 사조는 거대서사나 총체성wholeness에 반대했다.[14] 대신 부분적이고 다원적이며 상대적이며 표층적인 것을 중시했다. 가르침과 배움을 '지성'으로만 축소하는 태도 역시 문제다. 교육을 지성으로 축소해버리면 쉽고 확실해 보이지만, 차갑고 추상적인 개념이 되어버린다.[15] 이러한 것들이 작지만 확실한 현상, 파편적 진실, 현재의 쾌락 등을 중시하는 '소확행'적 태도를 확산시키는 사상적 기반이 되었다.

대학의 교원 평가 시스템도 교수들의 '소확행' 추구를 조장하는 주된 요인이다. 논문중심의 업적 평가, 저서나 역서를 승진이나 임용 평가에 거의 포함하지 못하는 현실, 학술지에서 원고지 150매(혹은 100매) 이상에 대해서는 돈을 요구하는 상황, 한 해라도 연구업적을 배출하지 않으면 승진이나 임용에 비상이 걸리는 평가 시스템이 오늘날 한국 대학의 평가 시스템의 현실이다. 제한된 분량을 빠른 속도로 생산해야 하는 평가 시스템과 학문적 분위기 속에서 큰 담론이나 거시적 연구를 요구하는 것은 무

---

14 리쩌허우(李澤厚) 저, 류쉬위안 외 편, 이유진 역(2013),《중국철학이 등장할 때가 되었는가?》, 글항아리, pp. 18~20.

15 파커 J. 파머 저, 이종인·이은정 역(2020),《가르칠 수 있는 용기》, 한문화, p. 39; 파커 J. 파머 저, 이종태 역(2000),《가르침과 배움의 영성》, IVP.

리일 수밖에 없다. 아무리 훌륭하고 인류의 핵심적인 문제를 해결하는 거시적인 연구주제라 하더라도, 작지만 확실한 업적 없이는 단 1년을 기다려주지 않는다.

'소확행'적 연구와 태도가 가진 본질적인 문제는, 정작 대학과 학자가 해결해야 할 연구 대상인 인간과 사회와 자연이 그렇게 '작고 확실하지' 않다는 데 있다. 오히려 우리를 둘러싼 '심리心理 (마음의 이치)'와 '물리物理 (사물의 이치)'는 긴밀하게 상호 연결된 '크고 복잡한' 생태계와 같다.[16] 이는 각종 네트워크로 연결되어 일견 혼란스러워 보이지만 질서정연한 복잡함을 의미하는 '복잡계複雜系, complex system'라고 표현해도 좋을 것이다.[17] '복잡계'에서는 '객관'이라는 미명하에 작고 확실한 문제를 밝혀내고 해결했

---

16 여기서 '心理'와 '物理'를 '마음의 이치'와 '사물의 이치'로 해석하여 학술 세계를 양분하는 방식('심리 계열 학문'과 '물리 계열 학문')은 19세기 서양 학문을 한자 세계로 처음 번역했던 일본인 니시 아마네(西周, 1829~1897)가 〈백학연환(百學連環)〉에서 제시한 분류법이다. 니시 아마네는 "무릇 物理는 눈에 보이는 바와 관련이 있고, 心理는 들리는 바와 관련이 있다"고 해석했다. 이에 대해서는 야마모토 다카미쓰 저, 지비원 역(2023),《그 많은 개념어는 누가 만들었을까: 서양 학술용어 번역과 근대어의 탄생》, 메멘토, pp. 441~452 참조.

17 복잡계 이론은 과학 분야에서 개념화된 것으로, 네트워크 사이언스 개념으로 복잡계 개념을 정리한 알버트 라즐로 바라바시가 그 창시자로 알려져 있다. 바라바시의 네트워크 사이언스 개념에 대해서는 다음 책 참조. 알버트 라즐로 바라바시 저, 강병남·김기훈 옮김(2002),《링크: 21세기를 지배하는 네트워크 과학》, 동아시아.

다고 해서, 크고 복잡한 문제가 인과적으로 자연스럽게 해결되거나 이해되는 것이 아니다. 어떤 현상에 관여하는 개체의 종류와 수가 많고, 개체들 각각의 행동을 지배하는 법칙을 잘 알지 못하는 상황에서, 이러한 개체들이 서로 다양한 영향을 주고받으며 적응해가기 때문이다.[18]

따라서 작고 확실한 문제가 하나씩 밝혀지고 이러한 작고 확실한 연구가 축적되면 자연스럽고 인과적으로 크고 복잡한 문제가 해결될 것이라는 '믿음'은 객관주의 인식론에 의한 지나친 낙관주의일 가능성이 높다. 물론 일부 객관성에 근거한 과학기술이 인류의 물질문명을 향상시킨 것은 온전히 합당한 지적이다. 학술이 진보함에 따라 학문 분야가 세분화되고 전문화가 이루어진 과정에 대해서도 모르는 바 아니다. 하지만 그 향상된 물질문명이 불균등하게 배분되어 인류의 빈익빈 부익부를 가속화하고 전쟁과 식민 지배를 합리화하며 종국적으로 지구 온난화와 환경 파괴를 가속화시킨 것도 부정할 수 없는 사실이 아닌가!

전체를 보지 않고 한정된 부분의 최적화에만 지나치게 주목할 때 나머지 공해와 환경파괴와 같은 총체적 문제는 더 심각해

---

18 윤영수·채승병 저(2005), 《복잡계 개론: 세상을 움직이는 숨겨진 질서 읽기》, 서울: 삼성경제연구소, pp. 39~44.

졌다. 세상을 분할하고 쪼개어 작은 조각들을 더 파악할 것이 없을 정도로 알아냈지만, 정작 하나의 전체로서의 세상을 이해하는 것은 과거보다 더 어려워졌다. 환원주의 reductionism 를 믿고 따라오다 복잡성 complexity 이라는 견고한 벽을 마주하게 된 상황이다.[19]

　요컨대 파편화된 교육, 교육과 연구의 단절, 사회와 유리된 대학을 조장하기에, 대학의 '소확행' 추구는 대단히 우려할 만한 현상이라 진단하는 것이다. 대학은 본질상 '소학'을 가르치는 곳이 아니다. 작고 확실한 배움의 기쁨을 누리는 이들은 '소학교'에서 키워내자는 것이지, 결코 작고 확실한 배움의 가치를 폄하하려는 것은 아니다. 세분화된 전공의 전문가가 공헌하는 부분도 평가절하할 수 없다. 다만 '소학'의 가치와 태도를 '대학'이 추구하고 있다면, 이는 대학이 본질을 놓쳐 버리고 길을 잃어버리는 이유가 되고 말 것이다. 대학이 작고 안전한 것에 만족한다면, 그래서 거대하지만 시간이 오래 걸리고 복잡한 문제에 직면하는 것을 회피한다면, 더 나아가 객관주의 인식론에 근거해 '소확행'을 추구하는 경향이 대학 행정을 좌지우지하게 된다면, 대학은 자연스럽게 본질과 '제자리'에서 확실하게 벗어나는 셈이 된다.

19　알버트 라즐로 바라바시(2002), p. 19.

'소확행'은 아편과 유사하다. 맛을 안 보면 아무 문제가 안 생긴다. 하지만 한번 아편 맛을 보게 되면 그 나른한 평안함에 빠져들어 여간한 노력이 아니면 벗어나기 어렵듯, '소확행'적 연구와 교육의 맛을 보게 되면 '소확행'이 주는 안전함과 평안함으로 인해 자신의 문제점을 망각하고, 복잡하고 거대한 물음 앞에 직면하는 것을 회피하게 된다. 대학원생으로 가득한 랩lab 과 컴퓨터에 가득한 자료를 쉴 새 없이 돌려 '작지만 확실한' 연구 결과물이 대량생산되는 형국인데 왜 굳이 다시 '학문이란 무엇인가?', '대학이란 무엇인가?'를 물어야 하겠는가! 다시금 불확실성의 시대에 우리가 속한 '대학이 무엇인가'라는 정체성을 되물어야 하는 이유가 바로 여기에 있다.

3. '대학(大學)'이란 무엇인가?: '소학(小學)'과의 차이

대학의 본질에 대한 물음 앞에서 먼저 본질을 추구하는 질문이 갖는 중요성을 언급하고자 한다. 앞서 언급했던《영혼 없는 탁월성》의 한 대목을 다시 인용한다. "나는 이 책에서 하버드를 비롯한 일류 대학들이 어떻게 학부 교육의 본질적인 목적을 도외시하고 있는지 설명하려고 한다. 교육은 공식이나 법, 혹은 인명, 지명, 날짜 등을 가르치는 것이 아니다. 사실상 교육은 단순히 강의실에서의 가르침이 결코 아니다. 교육학은 일부 연구중심 대학에서 효과를 발휘하지만, 예외도 많다. … 학생들은 강사가 가르친 내용보다 훌륭한 강사 그 자체를 기억하기 마련이다. 제임스 브라이언트 코넌트James Bryant Conant 가 언급했듯이 '교육은 배운 것을 모두 잊어버린 후에 남은 것'이라 할 수 있다."[20] 제임스 브라이언트 코넌트는 전 하버드대 총장이다. 교육과 대학에 대한 본질적인 질문 앞에 작고 확실한 지식들은 안개처럼 사라진다는 지적이다.

문득 30여 년 전 나의 대학 학창 시절을 떠올렸다. 수업 내용과 비교과 내용, 그리고 각종 다양한 교우관계 및 서클 활동 가운데 무엇이 남았는가? 그리고 무엇이 살아남아 지금의 나에게도 영향을 주고 있을까? 모든 것이 잊힌 것은 아니지만, 수업 내용은 거의 기억나지 않는다. 하지만 열강하던 교수님의 쉰 목소리

---

20 Lewis, Harry R.(2006), xv~xvi. 덧붙여 해리 루이스는 대학의 주된 목적이 "학생들로 하여금 자신이 누구인지 알게 하고, 삶의 더 큰 목적을 탐색하도록 돕는 일이다. 또한 대학 문을 들어섰을 때보다 조금 더 나은 인간으로 대학 문을 나서게 하는 것이다."(p.xiv)라고 언급했다. 최근 일부 한국 대학에서 구호로 등장하는 '학생 성공(student success)' 개념이 여기서 나온 것이라 생각되며, 그 기본 원리를 되새겨야 할 부분이라 여겨진다.

혹은 지루하게 판서하는 뒷모습은 또렷이 기억한다. 루이스와 코넌트 교수의 교육 이야기는 미국 대학에 국한된 이야기가 아니었다.

지금부터 약 50년 전에 미국의 시인이자 문명비평가인 웬델 베리 Wendell Berry 가 재정의했던 대학의 본질을 상기해본다. "대학은 무엇보다 '인간'을 키우는 곳이다. … 대학은 온전한 의미의 인간을 키우라는 사명을 부여받았다. 여기서 '온전한 의미의 인간'이란 숙련된 노동자나 풍부한 지식을 갖춘 시민이 아니라, 인류의 문화를 책임 있게 계승하는 상속자이자 문화 구성원으로서의 인간이다. 만약 대학의 사명이 단지 젊은이들의 개인적인 야망을 성취하도록 돕는 것이라면, 대학은 어떻게 사회의 지지를 받을 수 있겠는가? 만약 대학의 목적이 단지 공공의 책임을 다하는 시민을 양성하는 것이라면, 우리는 어떻게 예술과 과학의 교육을 정당화할 수 있는가? 대학의 공통분모는 경력 준비나 시민권 양성 그 이상이어야 한다. 훌륭한 인간, 즉 온전하게 발달한 인간을 길러낼 수 있다면 뛰어난 업적과 훌륭한 시민은 자연스레 따라온다. 이것이 다양한 학문을 한곳에 모아놓은 대학의 근본 취지이다."[21]

21 Berry, Wendell(1987), "The Loss of the University", *Home Economics: Fourteen*

웬델 베리에 의하면, 대학은 취직을 위한 경력 준비나 문제없는 시민을 양성하는 것 '이상'을 양성하는 곳이어야 한다. 뒤집어 보면 1980년대 미국 대학은 이미 취직이나 민주 시민을 양성하는 데 주력한다는 위기감을 체감한 것이다. 놀라운 기시감이 느껴진다. 웬델 베리의 지적은 마치 길을 잃어버린 2024년 한국 대학에 대해서 조언하는 것 같다. 탁월한 경력 준비나 시민 교양은 굳이 대학이라는 고등교육 기관이 아니더라도 채워줄 수 있는 곳이 현대 사회에는 즐비하기 때문이다. 과거 한때 대학이 감당했던 이러한 기능들을 21세기에 여전히 대학의 핵심 역량으로 생각하면 오산이다. 그가 1984년 언급했던 "인류의 문화를 책임 있게 계승하는 상속자이자 문화 구성원"이라는 인재상을 2024년 한국 대학에서 어떻게 읽어내야 할까?

어쩌면 19세기 후반 동아시아에 서구 문물이 유입되면서 일본에서 'university'라는 개념이 '大學'이라는 한자로 번역되는 과정에 개념상의 불일치가 발생했을 가능성도 있다. 19세기 중엽 네덜란드에 유학하여 라이덴대학에서 유학하고 일본에 귀국한 뒤 《만국공법》을 번역하고 '과학科學, science'이나 '철학哲學, philosophy'처럼 그때까지 동아시아에 없던 서구의 학술 용어를 만

Essays, San Francisco: North Point Press, p. 77.

들어낸 니시 아마네西周 (1829~1897)도 'encyclopedia'의 번역
어로 '백학연환百學連環'을 사용한 바 있었다. '백학百學'은 말 그대
로 다양한 학문 분야를, '연환連環'은 이들 사이의 연관성을 말하
므로, '백학연환'은 '온갖 학술이 사슬로 연결되어 있음'을 뜻하
는 개념어인 것이다. 물론 이후에 'encyclopedia'는 '백과사전'
으로 정리되었지만, 그리스 원어에 더 부합한 번역어는 '백학연
환'이라 볼 수 있다.[22] 이처럼 서구의 'university' 개념이 동아시
아에 유입되면서 그 번역어로 '대학'이 정해지는 과정은 지금 우
리가 사전을 펴보듯 그렇게 단순하지 않았다.

　마찬가지로 한국에 근대적 대학의 원형은 성균관 모델보다는
기독교계 사학私學 모델로부터 말미암았다.[23] 1886년 고종이 감
리교 선교사 아펜젤러 H.G. Appenzeller 가 설립한 학교를 '배재학당

22　야마모토 다카미쓰(2023), pp. 45~61.
23　전통시대 한국의 교육 체계에서 고등교육 기관이라면 성균관을 꼽을 수 있다. 과
　　거(科擧)시험은 국가에 의한 인재 등용 제도이면서 개인이 출세할 수 있는 창구
　　였다. 성균관은 이 시험을 실시하는 기관이면서, 응시자들을 교육하는 독점적 최
　　종 교육기관으로서 국가 운영에 직결된 고등교육 기관이었다. 다만 성균관은
　　1894년 갑오개혁 때 〈전고국조례(銓考局條例; 1894. 8. 12)〉의 반포로 과거제
　　가 폐지되고 관제개혁(1894. 7. 30)으로 기존의 학사를 관장하던 '예조(禮曹)'가
　　폐지된 후 '학무아문(學務衙門, 1895년 4월 19일 學部로 개칭)'이 신설되면서
　　사실상 고등교육 기관으로서의 기능을 상실하였다. 구한말 성균관의 역할 변화
　　에 대해서는 우마코시 도루(2001), pp. 33~58 참조.

培材學堂'이라 이름을 지어준 것을 전후로 싹트기 시작한 근대 교육의 씨앗은 1908년 대한제국의 학부^{學部}로부터 정식으로 인가를 받은 '연합숭실대학^{Union Christian College}'의 등장을 통해 한국 최초의 '대학'으로 열매를 맺게 된다. 그 이전에 '학당^{學堂}'이나 '공원^{公院, 育英公院}' 등으로 불리던 유사 고등교육 기관은 1895년 고종의 〈교육입국조서〉 반포 이후 본격적으로 발전하는데, 배재학당은 1895년 '대학부'를 설치하여 미국에서 공부한 서재필이 지리학, 유럽정치사, 교회사 등을 강의했다. 1910년에는 기독교 여성학교인 이화학당에 '대학과'가 설치되었다. 당시 기독교계 사학 설립자의 다수는 미국 중서부의 소규모 종파 칼리지^{small} ^{denominational college}를 모델로 학교를 설립하는 경우가 많았지만 이후 한국 사회에서 자유교양 칼리지^{liberal arts college}를 모델로 그 조직과 형태를 정비하였다. 즉, 1900년을 전후하여 한국에 도입된 서구 근대대학의 모델은 미국 고등교육에 등장하기 시작한 최신의 주립대학 모델에 가까웠으며, 연구지향형이자 대학원중심으로 재편되는 독일식 대학 모델과는 거리가 멀었다.[24]

자유교양 칼리지 모델의 원형은 잘 알려져 있듯, 유럽 중세 대학에서 찾을 수 있다. 중세 초기 대학교육의 핵심은 7자유학예

---

24 우마코시 도루(2001), pp. 76~77.

septem artes liberales, Seven Liberal Arts에 있었다. 그중 문법, 수사, 논리는 '3학trivium'으로 묶였고, 나머지 네 개 교과인 산술, 기하, 천문, 음악이 '4과quadrivium'를 구성했다. 예과像科에 해당하는 자유학예를 마쳐야 전문적인 신학, 법학, 의학으로 진학할 수 있었다. 이렇듯 통합적으로 교육하려는 제도는 대학의 핵심으로 지금까지 이어지는 전통이다. '대학university'이라는 명칭이 '선생과 학자들의 공동체'를 가리킨다는 점에서도 이런 특성을 확인할 수 있다.[25] 이러한 통합적 조합guild은 서구 중세의 특징을 반영하는 것으로, 개인적인 성향이 강한 근대 세계에서는 쉽게 찾아보기 어려운 모델이다.[26] 이처럼 '통합'은 중세 대학의 변치 않은 목적이었는데, 7자유학예를 통합적으로 공부하면 '선하고 완벽한 인간'을 만들 수 있다는 믿음이 이어졌다.

통합적 지식에 대한 중세 대학의 지향성이 근대 이후 점차 약해지긴 했어도 19세기까지 완전히 영향력을 상실한 것은 아니었다. 가령 1867년에 영국의 철학가이자 정치경제학자인 존 스튜어트 밀John Stuart Mill (1806~1873)이 쓴《대학교육에 대하여 Inaugural address delivered to the University of St. Andrews》의 한 구절은 다음과 같다. "학생

---

25 'university'라는 영어는 라틴어 'universitas magistrorum et scholarium', 즉 "선생과 학자들의 통합 공동체"라는 의미에서 온 개념어이다.

26 찰스 호머 해스킨스(2021), pp. 47~74.

이 대학에서 배워야만 하는 것은 지식의 체계화다. 즉, 각각 독립된, 부분적인 지식 간의 관계와 이들과 전체 사이의 관계를 고찰하고, 그때까지 다양한 곳에서 얻은 지식의 영역에 속하는 부분적인 견해를 연결하여 이른바 지식의 모든 영역의 지도를 만든다."[27] 밀은 이 강연에서 학술의 전체상을 모르고서 그 일부를 전공으로 삼고 몰두하는 것의 위험함에 대해 거듭 경종을 울렸다.[28]

동양에서 '대학'이라고 하면, 고등교육 기관으로서의 대학이 아니라 공자孔子 의 저술로 알려진《대학大學》을 먼저 떠올리기 마련이다.[29]《대학》의 핵심 개념은 "대학의 길은 밝은 덕을 밝히고 백성을 아끼며 지극한 선을 이루는 데 있다大學之道, 在明明德, 在親民, 在止於至善"는 말에 담겨 있는데, 성인聖人 의 경지를 추구하고 학문을 하는 이유가 '지어지선止於至善', 즉 "지극히 좋은 곳에 머물러 있기" 위함이라는 것이다. 물론《대학》의 실천은 "수신제가치국평천하修身齊家治國平天下"에 있었다. 조선시대의 왕과 신료들도 진덕수陳德秀 가 보완했던《대학연의大學衍義》를 경연經筵 에서 읽

---

27 John Stuart Mill(1867.2.1.), "Inaugural address delivered to the University of St. Andrews".

28 야마모토 다카미쓰(2023), p. 79.

29 신창호(2010),《대학(大學), 유교의 지도자 교육철학》, 파주: 교육과학사.

으며 통치 리더십의 모범을 찾았다.[30]

유교 전통에서 《대학》은 늘 《소학小學》과 대비되어 강조되었다. 배움을 시작하는 아동이나 초학자들이 입문서로 읽어야 할 책이 《소학》이었다. 《소학》은 주희朱熹와 그의 제자 유청지劉淸之가 체계적인 아동 교육의 필요성에 부응하기 위해 12세기 후반에 편찬한 책으로, 고대에 어린 아동들에게 가르쳤던 내용으로 알려진 《예기禮記》의 일부 구절을 비롯하여 여러 책의 일부분을 편집한 책이다. 주희가 가지고 있던 소학의 가르침은 "물 뿌리고 청소하며, 남의 말에 응대함이 예절과 맞으며, 집에 들어와서는 효도하고 나가서는 공손하며, 행실이 조금도 예의에 어그러짐이 없도록 하는"데에 있다. 또한, "이런 일들을 행하고도 남는 힘이 있으면 시를 외우고 책을 읽으며, 노래와 춤을 통해 음악을 배워 생각이 바른 도리에서 벗어나지 않도록 해야 한다."고 가르친다.[31]

《소학》은 여말·선초麗末鮮初에 한반도에 유입되었다. 조선의

---

30 진덕수(陳德秀) 저, 김병섭 편, 정재훈·오항녕·정호훈·김광일 역주(2018), 《대학연의(大學衍義)》(상), 서울대학교출판문화원.

31 주희(朱熹)·유청지(劉淸之) 편, 윤호창 역(2016), 《소학(小學)》, 홍익출판사, 〈小學題辭〉, p. 24. "小學之方, 灑掃應對, 入孝出恭, 動罔或悖, 行有餘力, 誦詩讀書, 詠歌舞蹈, 思罔或逾."

율곡 이이도 학문하는 자들의 독서법을 《격몽요결擊蒙要訣》에서 제시하면서, 《소학》을 뗀 이후에 《대학》을 읽으라고 권했다. 더나아가 《소학》이 우리의 실정에 맞지 않는다고 판단하여 새로운 교육 지침서로 《격몽요결》을 집필했다.³² 하지만 초등학교나 중학교 정도면 모를까, 명실상부한 '대학'에 와서도 《소학》이나 《격몽요결》에 만족하며 행복해할 수는 없는 노릇이다. 앞서 웬델 베리가 언급했던 "인류의 문화를 책임 있게 계승하는 상속자이자 문화 구성원"은 《소학》에서 언급한바 "물 뿌리고 청소하며, 남의 말에 응대함이 예절과 맞으며, 집에 들어와서는 효도하고 나가서는 공손하며, 행실이 조금도 예의에 어그러짐이 없도록 하는" 이들보다는 《대학》에서 언급한바 "지극한 선을 이루는" 인물에 가깝기 때문이다.

시대에 따른 대학 개념의 변화에도 불구하고 그 모두를 관통하는 대학의 정체성이 있다면, 이는 다른 기관, 즉 연구소나 학원이나 기업 등과 차별되는 이름에 합당한 정체성일 것이다. '선

---

32 율곡 이이(李珥) 저, 김원중 역(2015), 《격몽요결(擊蒙要訣)》, 민음사.
    율곡이 제시했던 책 읽는 순서는 다음과 같았다. 《소학》→《대학》→《논어》→《맹자》→《중용》→《시경》→《예경》→《서경》→《역경》→《춘추》→기타 송대 성리학 서적 순서이다. 율곡은 《소학》을 읽지 않으면 《대학》으로 들어갈 수 없다고 보았다.

생과 학자들의 공동체'를 가리키는 대학university은 통합적인 지식에 헌신하고 부분적인 견해를 연결하여 모든 영역을 담아낸 큰 지도와도 같은 안목을 함양하는 곳이었다. 과거뿐 아니라 지금도 이렇게 '시각이 다양하고 그릇이 큰 사람'을 키워내는 곳이 큰 '대' 자를 쓰는 대학이어야 하지 않을까? 대학이란 오래전부터 모름지기 '작은 그릇'으로 입학한 학생들을 '큰 그릇(크게 생각하는 힘을 갖춘 인재)'으로 키워서 배출하는 고등기관이었기 때문이다. 다만 시대와 환경에 따른 사회적 요청이 있기에 본질은 지키되, "지금 여기"라는 시대적, 공간적 맥락에서 주체적인 경험과 실증을 담보한다면 본질이 가진 힘은 더 큰 효력을 발휘할 것이다.

하지만 현재 우리의 대학은 점차 거대 담론이 사라진 자리에 소학 담론들이 우후죽순 넘쳐나고 있다. 물론 학문 분야가 세분화, 전문화되면서 깊고 다양해진 관점과 연구는 그 자체로 존중받고 장려되어야 할 것이다. 그럼에도 불구하고 여전히 작고 확실한 연구와 관점이 통합으로 나아가기보다는 파편화를 확산시킨다면 근본적인 재검토가 필요하다. 대학은 "인간의 본래적 복잡성"을 연구하고, 교육하고, 이해하는 곳이다. 파편화된 대학, 파편화된 교육, 배움과 가르침의 파편화를 역전시키는 동력과 계기가 절실히 요청된다.

이러한 맥락에서 앞서 니시 아마네가 '백과사전 Encyclopedia'을 그리스어 원어의 뜻풀이를 통해 '온갖 학술이 사슬로 연결되어 있음'을 뜻하는 '백학연환'으로 번역한 것은 시사하는 바가 있다. 요즘 말로 하면 '온갖 지식의 네트워크'다. 19~20세기를 통해 다양한 지식의 확산과 축적이 이루어진 상황에서, 21세기야말로 진정한 '집대성集大成'이 가능한 대학이 출현할 타이밍이 되었다. 이러한 집대성은 단지 다양한 학문 분과의 집대성에 국한되는 것이 아니라, 연구와 교육의 통합까지 포괄해야 할 필요가 있다. 중세 대학이 교육에 방점이 있었고, 19세기 이래 연구중심 대학으로 경도되었다면, 21세기야말로 '연구와 교육의 통합'을 통해 진정한 집대성의 단계로 나아갈 임계점에 도달한 것이 아닐까?

4. 사례: 대운하시대 담론의 형성과정에서 연구와 교육의 통합과 연결

거대 담론을 많이 강조했지만, 이를 뒷받침해줄 작은 사례도 언급할 필요가 있겠다. 이에 필자가 지난 수년 동안 실험해왔던 역사학 분야에서 연구와 교육의 '통합integration'에 대한 사례를 소개하고자 한다. 다만 이는 완료된 '성공' 사례가 아니라 '시행착

오'를 거치고 '진행 중'의 사례라는 점을 밝혀둔다.

먼저 무엇이 대학의 통합 교육인가에 대한 선학의 언급을 인용하고자 한다.[33] 통합 교육에 대해서는 다양한 논자들의 견해가 있지만, 파커 파머와 아서 자이언스가《대학의 영혼 *The Heart of Higher Education* 》에서 언급했던 다음과 같은 제언이 마음에 든다. "진정한 통합 교육이란, 객관 세계에 대한 공부와 더불어 삶의 목적과 의미, 열망과 한계에 대해서도 체계적으로 탐구하는 교육이다. 인간 삶의 가장 큰 분열은 내면적 삶과 외면적 삶의 분열이다. 이 분열은 대학의 교과과정을 혁신하는 것만으로 메울 수 없다. 내면과 외면의 분열을 치유하는 일이야말로 대학교육의 핵심 과제다."[34] 이들은 통합 교육을 시도함에 있어 '객관주의 인식론'에 치우치는 것을 경계하며, '내면적 삶'과 '외면적 삶'이 분열된 현상을 '치유'하는 것이 대학에서 해야 할 통합 교육의 본질이라고 강조한다.

역사학이라는 학문 역시 다분히 쉽게 파악되는 '외면적 삶'을

---

33 필자는 교육학자가 아니며 이 글 역시 대학의 통합 교육에 대해 엄밀한 정의를 내리는 교육학 논문이 아니기에, 여기서 통합 교육의 정의를 내리는 시도를 하지는 않는다. 협소하고 미성숙한 개념 정의야말로 오히려 거대 담론이라는 거시적 개념을 드러내기보다 덮어버릴 수 있다고 판단하기 때문이다.

34 파커 J. 파머·아서 자이언스(2018), p. 30.

일차적 분석 대상으로 삼아 왔기에, 쉽게 보이지 않는 '내면적 삶'은 연구 대상에서도 배제되기 쉬웠고, 연구 주체인 연구자의 내면적 삶, 즉 주관도 무시되곤 했다. '외면적 삶'을 알 수 있는 가장 확실한 방법은 실증 가능한 사료史料의 확보에 있었다. 그러다 보면 연구에 있어 주체인 '나'와 '주관성'이 사라지기 십상이고, 교육에 있어서는 학습자의 '내면적 삶'에 대한 세심한 고려보다는 교육 콘텐츠의 다양함과 실증성에 주의가 집중되기 마련이다. 거듭 강조하지만, 이러한 기존의 경향성이 연구와 교육에 있어 부정적인 결과만 가져온 것이라고 주장하는 것은 결코 아니다. 하지만 객관이 주관과 통합되지 않고, 연구가 교육과 통합되지 않고, 교수자와 학습자가 통합되지 않는다면, 그 지점부터는 '분열'과 '파편화'라는 문제가 확대된다고 지적하지 않을 수 없다. 이러한 문제의식 없이 생산되는 연구와 교육이라면 파편화되고 피상적으로 흐를 가능성이 높다.

필자는 1996년 학부 졸업논문을 쓰면서 중국의 대운하大運河, grand canal 라는 1,800킬로미터에 달하는 인공 수로에 관심을 갖기 시작하여 현재까지 20년이 넘도록 연구하고 있다.[35] 석사 시

---

35 조영헌(1996), "明初 運河의 開通과 그 社會經濟的 意義", 〈서울대 東洋史學科 論集〉 第20輯.

35 조영헌(1996), "明初 運河의 開通과 그 社會經濟的 意義", 〈서울대 東洋史學科 論集〉 第20輯.

35 조영헌(1996), "明初 運河의 開通과 그 社會經濟的 意義", 〈서울대 東洋史學科 論集〉 第20輯.

절에는 대운하라는 수로에서 유통되는 소금이라는 물품과 이를 취급하여 돈을 벌거나 파산하는 염상鹽商에 관심을 두었지만, 박사 과정에 들어와서는 염상 가운데 한 집단인 휘주徽州 출신 상인 집단의 성쇠盛衰에 대운하 유통망이 어떤 순기능과 역기능으로 작용했는지를 연구했다.[36] 박사논문 제출 후에는 대운하에 대한 국가 권력의 지나친 관심과 투자가 370여 년 동안 거대한 제국의 물류를 원활하게 유지하도록 기여했지만, 이러한 가시적인 '성공'이 당대當代뿐 아니라 이후인 19세기에 해양으로 적극적으로 진출하지 못하게 만드는 '성공의 덫'이 되었음을 발견하여 학계에 '대운하 시대The Age of the Grand Canal'라는 담론을 제기했다.[37] 이는 15~18세기 유럽이 해양으로의 적극적인 진출을 통

---

36 석사논문은 조영헌(2000), "明代 鹽運法의 變化와 揚州 鹽商: 徽商과 山陝商의 力學關係의 變化를 中心으로"(서울, 〈東洋史學研究〉70)로 발표되었고, 박사논문은 "大運河와 徽州商人: 明末·淸初 淮·揚地域을 중심으로"(〈서울대학교 東洋史學科 博士學位論文〉, 2006년 8월)이다. 박사논문은 2011년 민음사에서 《대운하와 중국상인: 회·양지역 휘주상인 성장사, 1415~1784》라는 제목으로 출간되었다.

37 조영헌(2021), 《대운하 시대 1415~1784: 중국은 왜 해양 진출을 '주저'했는 가?》, 민음사.
18세기 운하에 대한 '성공의 덫'은 비단 중국만의 문제는 아니었다. 대표적으로 1869년 수에즈운하를 계획하고 완공시킨 프랑스의 외교관이자 기술자인 페르디 낭 드 렙세스(Ferdinand Marie de Lesseps, 1805~1894)는 수에즈운하의 성공에 도취한 나머지 1879년 대서양과 태평양을 연결하는 아메리카의 횡단 운하에

해 '대항해 시대'를 열었던 시기에 동아시아는 폐쇄적인 내륙 국가로 '후퇴'함으로써 동서양의 패권이 바뀌게 되었다는 기존 유럽중심주의적 통념에 대한 반론이자, '대항해 시대' 중국은 어떠했는지를 '대운하 시대'라는 학술 개념어를 만들어 실증적으로 비교하고자 했던 거대 담론이었다.

여기서 강조하고 싶은 것은 대운하, 상인, 물류 등과 같은 역사 내용이 아니다. '대운하 시대'라는 거대 담론이 형성되는 과정에서 교육과 연구가 어떻게 연동되면서 상호작용을 일으켰는지를 보여줌으로써, 통합 교육의 한 사례를 제시하고자 한다. '대항해 시대'와 운율을 맞춘 '대운하 시대'라는 개념과 구체적인 분석 관점은 대운하에 대한 연구를 시작할 때부터 구상된 생

대한 새로운 비전으로 제시했다가 완전히 실패했다.
대런 아세모글루와 사이먼 존슨은 그 이유를 '비전의 덫'이라는 용어로 설명한다 [대런 아세모글루·사이먼 존슨 저, 김승진 역(2023),《권력과 진보: 기술과 번영을 둘러싼 천년의 쟁투》, 생각의힘, pp. 67~104 참조]. 즉 테크놀로지에 기반한 비전의 성공에 도취된 나머지, 새로운 상황에서도 지난 성공 방정식에 따라 하나의 사고방식에 너무나 고착되어 다른 모든 선택지를 고려하지 않았기 때문이라는 것이다. '비전의 덫'에 사로잡히게 되면, 질병에 대한 팩트에 근거한 보고도 적들이 퍼뜨리는 가짜 정보라고 일축하게 된다. 결국 파나마운하는 30여 년이 지난 1914년 미국의 주도로 개착되었고, 미국은 태평양과 대서양을 왕래하는 물류의 패권을 장악하며 세계적 대국으로 급성장했다. 이 책에서 언급한 서구에서 19세기 운하에 대한 '비전의 덫'은 필자가 제시했던 중국에서 18세기 운하에 대한 '성공의 덫'과 정확히 일치한다.

각이 아니었다. 대운하에 대한 박사학위 논문을 책으로 묶어 출간한 2011년으로부터 6년 정도 시간이 지난 2017년, K-MOOC 강좌로 〈대운하를 통해 본 중국의 정치경제사〉라는 제목의 강의를 개발·운영한 것이 계기가 되었다.[38]

한국형 무크 강좌를 개발하기 위해 두 가지 방식을 새롭게 시도했다. 하나는 온라인 강의를 스튜디오에서만 촬영하지 않고 촬영감독과 함께 드론을 구입하여 중국 현지의 대운하 도시를 일주일 동안 답사하면서 촬영하는 방식을 병용한 것이다. 2014년 세계문화유산으로 등재된 대운하의 남단南端인 항주杭州를 시작으로 운하 중소도시인 오진烏鎭, 천진天津. 그리고 대운하의 북단北端인 북경의 대운하 유적지를 탐방하여 카메라에 담고, 이를 스튜디오의 강의와 연계하여 편집했다. 이를 통해 스튜디오에서의 강의 도중에 바로 학습 내용인 중국 대운하의 현장으로 이동하여 현장을 답사하는 것과 같은 다큐멘터리의 효과를 수강생들에게 제공할 수 있었다.

다른 하나는 강의를 혼자 진행하지 않고 운하와 관련한 국내외 전문가 10명을 따로 섭외하여 인터뷰를 진행하고, 이를 촬영

---

38 이하 〈대운하를 통해 본 중국의 정치경제사〉에 대한 무크 강의 내용은 조영헌 (2021), "4차 산업혁명 시대를 맞이하는 교양교육의 방향 모색과 제언: 동양사 연구&교육자의 입장에서", 〈문명과 경계〉 제4호, pp. 201~206 참조.

하여 강의 중간에 편집하여 넣은 것이다. 국외 학자로는 피터 퍼듀^{Peter Perdue} (미국 예일대), 마크 엘리엇^{Mark Elliott} (미국 하버드대), 창지엔화^{常建華} (중국 남개대), 푹윙킨(홍콩 중문대), 장해용 (중국 다큐 감독), 서방(중국 절강불염예술문화공사 연구원)의 6인과 인터뷰를 진행했고, 국내 학자로는 주경철(서울대), 원정식 (강원대), 한지선(조선대), 김연옥(육군사관학교)의 4인과 인터뷰를 진행했다.

이 두 가지 시도는 무크 강좌를 개발하는 데 필수적인 요소가 아니었다. 무크 강좌 안내서에는 전혀 없지만, '자발적으로' 제안해서 고려대의 재정 후원을 받아 과외로 추가한 부분이었다. 기획, 설계, 섭외, 인터뷰이^{Interviewee} 연구실로 출장, 중국 현지 촬영 및 편집, 스튜디오에서의 촬영, 한글과 영어 자막 작업까지 거의 1년의 시간을 투자해야 했다. 흥미로운 점은 이러한 1년 동안 필자는 교육만 경험한 것이 아니라 교육자^{educator} 와 연구자 ^{researcher} 의 정체성을 구분하기 어려울 정도의 통합과 상호작용을 체험했다는 것이다. 분명 시작은 강의 촬영이라는 교육에서 시작되었으나, 1년 동안 심화된 연구가 연계적으로 이루어졌다. 결과는 1년 전에는 상상하지 못했을 정도로 향상된 양질의 온라인 역사교육 콘텐츠였다. 감사하게도 이 강좌는 2020년 10월 한국형 온라인 공개강좌^{K-MOOC} 활성화와 발전에 기여했다는 이유로 교육부 장관 표창을 받았다. 연구가 통합적으로 동반되었기에 가능했던 교육적 결과였다.

교육과 연구의 통합과 상호작용은 여기서 그치지 않았다. K-MOOC 플랫폼을 통해 2017년부터 공개된 〈대운하를 통해 본 중국의 정치경제사〉 강좌는 2018년 1학기부터 고려대의 핵심교양 강좌로 개설되어 매 학기 500명 전후의 학생들이 수강하게 되었다.

수강생들은 온라인에 접속하기만 하면, ① 필자의 연구실에서 수업 조교와 진행하는 인트로 대화(강의에서 다룰 내용에 대한 소개 및 호기심 자극), ② 스튜디오에서 진행하는 강의, ③ 중국 현지에서의 촬영과 인터뷰, ④ 다른 10명 전문가와의 인터뷰를 모두 체감할 수 있었다. 그리고 온라인 강의가 지닌 일방향성을 보완하기 위해 수강생들에게 질문을 LMS에 자유롭게 올리도록 했고, 필자는 주기적으로 이에 대한 답변을 답글 형식으로 추가했다. 수강생이 워낙 많고 전공도 다양하다 보니 질문의 범주 역시 기존의 대면 강의와는 수준이 다를 정도로 다양했다. 답변을 준비하는 시간은 예상보다 길어지기 마련이었고, 또 다른 연구를 동반해야 했다.

꽤 힘들게 느껴진 시간이었지만 여기서 망외^{望外}의 성과가 나왔다. 바로 중국 대운하에 대한 온라인 질의에 응답하는 과정에서, "중국은 왜 해양 진출을 주저했는가?"라는 파생된 연구주제를 '발견'한 것이다. 비非역사 전공자들이 95% 이상을 차지하는 수강생들이 던진 질문 중에는 엉뚱한 것도 많았지만, 대체로 15 ~18세기 대운하 유통망을 가지고 엄청난 동력을 지닌 중국이 "왜 해양 진출을 주저했는가"라는 궁금증으로 모아졌다. 초기 근대 early modern 세계 패권의 변화와 관련된 이 질문은 사실 지난 수십 년 동안 동서양의 수많은 학자들이 관심을 두었지만, 누구 하나 명쾌하게 풀어내지 못했던 '역사학의 난제難題' 가운데 하나였다.[39]

이에 필자는 이 난제에 '대운하'라는 완전히 새로운 관점으로 풀이법을 제시하고자 노력했고, 그 결과를 앞서 언급했던 2021년 《대운하 시대 1415~1784, 중국은 왜 해양 진출을 '주저'했는가》(민음사)라는 대중학술서로 묶어냈다. 무크라는 쌍방향 온라인 강좌를 통한 교육의 질문이 연구에 환류된 결과였다. "좋은 질문이 좋은 대답을 이끌어낸다."는 평범한 진리를 확인하는 순간이기도 했다.

---

39 조영헌(2017), "후기 中華帝國 海洋史 연구의 최근 흐름과 글로벌 히스토리: 중등 역사 교과서에 대한 제언", 〈민족문화연구〉 제77호.; 조너선 데일리 저, 현재열 역 (2020), 《역사대논쟁: 서구의 흥기》(바다인문학번역총서1), 선인, pp. 245~316 참조.

이러한 상호성에 고무되었고, 연구의 결과를 다시 교육에 환류하는 시도를 해 보고 싶었다. 마침 2022년 후반기에 고려대 교수학습개발원에서 이 연구서의 내용을 기반으로 10분짜리 온라인 강좌를 촬영하여 유튜브에 올리는 기획을 제안했고, 필자는 주저 없이 응답했다. 〈고대백과〉라는 유튜브 기반으로 고려대의 학습 콘텐츠를 개발하여 고려대 학생들뿐 아니라 일반 대중들에게 공개하는 기획이었다. 비록 10분 분량의 영상이지만, 1개월 정도의 시간을 투자하여 대중학술서인《대운하 시대 1415~1784, 중국은 왜 해양 진출을 '주저'했는가》의 '맺음말'에서 제안했으나 본격적으로 다루지 않았던 주제를 영상에 담았다. 그 결과는 〈미국 vs 중국의 패권 경쟁의 결과는? 역사학으로 알아보는 중국의 성장 과정〉이라는 유튜브 콘텐츠로 2023년 3월에 공개되었다.[40]

놀라운 일은, 이 10분짜리 동영상 강의를 준비하는 과정에서 또 다른 파생 연구주제를 '발견'한 것이다. 강의 대본을 준비하고 촬영을 마친 직후에 떠오른 아이디어인데, 잠정적으로 정리하면 "대운하시대 이후 아편전쟁 이전까지 무슨 일이 발생했는

---

40 〈고대백과〉 채널 참조.
   (https://www.youtube.com/watch?v=gbWvVIOwSz0&t=5s)

가? 1784~1839"가 된다. 2021년 연구가 1415년에서 1784년 까지의 약 370년의 시간을 검토했다면, 새로운 연구는 바로 그 직후부터 1839년까지의 약 50년에 집중하려고 한다. 18세기 후 반에서 19세기 초반에 걸친 이 50년이라는 시간은 유튜브 강의 를 준비하기 전에는 전혀 생각하지 못했던 시간 단위다. 하지만 동영상 강의에서 언급했듯, 이 시기는 "기존의 300년 이상 잘 운 영되던 시스템이 '어, 문제가 있네' 느껴지고 외부에 있는 서구 세력이 뭔가 다르다는 것이 감지되는 시기"였고, "보다 유연한 해양 개방이 필요한 시기"였다. 더 나아가 "이 50년(1785~1839) 은 세계 역사를 한 번 바꾸는 결정적인 변곡점 tipping point"이었다. 즉, 동영상 강의 녹화를 통해 또렷해진 문제적 시기에서 새로운 연구주제가 도출된 것이다.

필자는 이 새로운 연구를 2011년과 2021년에 민음사에서 출 간한 두 번의 연구서에 이어 마지막 '대운하 삼부작'으로 종지부 를 찍기 위한 연구주제로 확정했다. 그리고 1785~1839년 사이 에 중국뿐 아니라 유럽과 아메리카, 아프리카 대륙 등에서 어떤 변화가 상호 영향을 주고받으며 발생했는지를 지구사의 관점에 서 연구하여 향후 10년 이내에 출간하고자 한다. 여기서 역사적 소재로서의 대운하는 그 상위 개념인 '연결성'으로 확장된다. 즉 대운하는 ① 흐름 flow, 流 과 ② 연결 connection, 通, 그리고 ③ 고도 차이^{altitude difference}를 상징한다.⁴¹ 물이 흐름에 있어 서로 다른 고도 차이를 극복하여 연결한 것이 바로 인공 수로인 운하라는 개념인데, 여기서 ①과 ② 개념을 하나로 묶으면 유통流通이 되고, ③ 고도 차이 개념까지 더하면 연결되기 어려운 지리적 장애물에서 더 나아가 공간적 거리나 심리적 장애물까지 포괄이 가능해진다. 이러한 포괄적 대운하 개념을 가지고 1785~1839년의 지구사를 재해석하는 것이 대운하 3부작의 최종 목표다.

2017년에 개발한 무크 강좌인 〈대운하를 통해 본 중국의 정치경제사〉가 연구에 통합적으로 기여했던 경험에 고무된 필자는 2021년 개인적으로 두 번째 무크 강좌인 〈아시아사 개척자들의 역사 이야기 + @〉를 기획하고 만들었다.⁴² 이는 생존하는 10명의 중국사·일본사·동남아시아사·북아시아·서아시아 분야의 한

---

41 여기서 ①흐름(flow, 流)과 ③고도 차이(altitude difference)라는 저항 변수 개념은 2023년 4월 28일 한국 유변학회(流變學會) 2023 춘계총회 및 학술발표회에 필자가 〈중국은 왜 해양 진출을 주저했는가? - 대운하시대의 물류, 지정학, 패권〉이라는 주제의 초청 강연을 준비하면서 기존 '연결'이라는 대운하 개념에 새롭게 추가한 개념이다. 이는 발표를 준비하며 읽었던 민태기의 《판타레이: 혁명과 낭만의 유체 과학사》(사이언스북스, 2021)에서 영감을 얻어 정립한 개념이다. 주로 유체역학을 전공하는 공학자들의 학회에서 발표하고 인식을 확대할 수 있는 기회와 참고문헌을 제공해 준 신세현 교수와 이성식 교수께 감사드린다.
42 K-MOOC 사이트 참조. (http://www.kmooc.kr/courses/course-v1:Korea UnivK+ku_hum_009+2022_AB18/about)

국 최고 권위자를 선정·섭외·인터뷰·촬영하는 일종의 '디지털 아카이브digital archive'를 만드는 새로운 방식의 강좌였다.[43] 이 인터뷰 형식의 강의를 준비하기 위해 생존하는 10명 연구자의 주요 저서를 정독하며 질문을 만들었고, 1인당 80분 정도의 분량으로 편집된 대화록을 녹취하며 다양한 생각거리와 연구주제를 찾아낼 수 있었다. 2022년 3월 K-MOOC에 공개된 이 무크 강좌의 녹취 내용은 참고문헌 등을 보강하여 푸른역사에서 책으로 출간하기로 계약을 맺었다. 강의의 결과물이 한국 아시아사 연구사를 정리하는 학술서로 결실을 맺는 셈이다.

　아직 두 가지 무크 강의를 통해 이루어진 교육과 연구의 통합적 연계 사례에 불과하지만, 연구와 교육 및 교수자와 학습자가

---

43 이 강좌는 한국 아시아사 연구의 디지털 연구사(historiography) 정리이자 원로 세대이자 아날로그 세대의 축적된 연구·인생 노하우를 20대 디지털 네이티브 후속 세대에게 전승하고자 하는 온고지신(溫故知新)의 지향성을 담고자 했다. 이에 인터뷰이(interviewee) 10인은 ① 각 학문 분야의 권위자이자 ② 정년 이후의 원로교수 가운데 ③ 젊은 세대를 위한 자기 개방의 위험성(영원히 남는 영상물을 남기는 것이기에)을 감수한 분들이라는 세 가지 기준을 가지고 선정하였다. 중국사 분야에서는 박한제, 김택민, 오금성, 백영서 교수, 북아시아사에서는 김호동 교수, 일본사에서는 김현구, 김용덕 교수, 동남아시아사에서는 유인선, 신윤환 교수, 서아시아사에서는 최창모 교수이다. 이 외에도 아시아사 연구의 '레전드'로 손꼽히는 고려대 김준엽 선생님과 서울대 민두기 선생님을 기억하는 2편의 강좌도 포함되었다.

'분열'되거나 '파편화'되지 않고 통합되어야 한다는 신념을 실천한 예시적 결과물이라 말할 수 있다.

5. 나가며: 통합과 연결의 플랫폼 대학 생태계를 꿈꾸다

앞 장에서 언급한 통합 교육의 기본 개념은 '연결'이라 할 수 있다. 연구와 교육의 '연결', 교수자와 학습자의 '연결', 그리고 객관과 주관의 '연결'이다. 글의 서두에서 제기했던 한국 대학이 직면한 '파편화된 교육', '단절된 학과', '분열된 자아'라는 현상을 해결하는 방안으로 필자는 '통합'과 '연결'이 구현되는 대학의 생태계와 모델을 꿈꾼다.[44] 이는 4차 산업혁명 시대의 특징으로도 손꼽히는 '초연결 hyper-connectivity 의 시대'와도 일맥상통한다.[45] 마지막으로 '연결'의 담론을 플랫폼 대학platform university 개념과 연결하는 것으로 글을 마무리하고자 한다.

---

44 이제 기존의 상상을 초월하는 다양한 분야와의 통합과 연결의 생태계가 요청된다. 가령 교육과 학문의 통합, 단절된 학문 사이의 연결과 통합, 교수학습공동체 (FLC)를 통한 교수들 사이의 연결, 학생과 교수 그리고 직원 사이의 연결, 강의실과 지역사회 현장과의 통합 교육, 학교와 산업계와의 연결 등이다.
45 클라우스 슈밥 저, 송경진 역(2016),《클라우스 슈밥의 제 4차 산업혁명》, 메가스터디.

아직 정확한 개념이 정립된 것은 아니지만, 통상 플랫폼 대학은 개방과 공유, 융합과 소통, 창의와 혁신을 지향한다. 특히 교육과 학습에 있어 네트워크, 빅데이터, 인공지능을 기반으로 한 무크MOOC 중심의 열린 대학의 한 형태를 지칭하기도 한다.[46] 무크는 "역사상 교육에의 접근을 확대하려는 가장 야심찬 시도"이며, 재산이나 나이나 국적에 상관없이 누구나 최고의 강의에 접속해서 자신이 염원하던 학문을 공부할 수 있는 플랫폼을 지향한다. 특히 개발도상국에 거주하는 수백만 명의 학생들에게 양질의 교육을 제공할 수 있기에 엄청난 "접속자의 확대"가 강점이다.[47] 구체적인 모델보다는 그 모델을 형성시키는 모태, 즉 플랫폼 대학 생태계라는 다소 본질적이고 내면적인 정체성을 규정하는 것이 우선되어야 한다고 생각한다.

플랫폼 대학 생태계의 핵심 개념 역시 '연결'에 있지만, 더 나

---

46 플랫폼 대학은 4차 산업혁명과 궤를 같이하는 4차 대학혁명의 결과물인 '포스트 유니버시티'의 대표적인 모델로 제시되곤 한다. 백승수에 따르면[백승수(2020), 《교양교육의 지평: 쟁점과 과제》, 파주: 양서원, pp. 202~204 참조], 4차 산업혁명은 지식 총량의 폭발적 증가, 지식 수명의 급격한 단축, 지식 융합의 가속화, 정보기술기반 스마트 학습의 확산, 인공지능의 활용 확대 등 지식 지형의 원천을 변화시키면서 대학의 성격을 근본적으로 변화시키고, 그 결과 '우리가 알던 대학이 종말'을 고하고, '포스트 유니버시티'가 될 것이라고 예견했다.
47 파리드 자카리아(2015), pp. 152~164.

아가 '공유'라는 개념으로 확장된다. 즉, 개별 대학의 단절성과 한계를 극복하기 위해서 통합과 연결의 교육철학을 접목하면 공유 대학 개념이 도출된다. 우선은 국내외 대학들이 협업하는 공유 대학 개념을 떠올려볼 수 있겠다. 개방과 연결을 통해 '공유' 개념을 적극적으로 수용하면, 개별 대학의 한계를 뛰어넘어 새로운 학교 경영 및 다양한 교육 모델이 만들어질 것이다. 공유 대학 개념은 이 글에서 제시하는 플랫폼 대학 생태계와 맥을 같이 한다.

단, 공유 대학이 성공하려면 '공유'의 정신을 이해하고 살리는 것과 함께, 각 대학의 고유 가치와 강점들을 지키며 특성화하는 세심한 설계가 동시에 필요하다.[48] 공유의 정신에는 연결 개념과 통합 개념, 더 나아가 통합에 근거한 공동체 정신이 철학적 기반에 있어야 한다. 수단의 '올바름'을 전제하지 않는 단순 '성공' 개념은 공동체성의 본질과 온전함을 훼손하기 쉽다. 성공에 압도되어 수단과 방법을 가리지 않는 인간의 본능은 주변과 우리 안에서도 쉽게 경험하기 때문이다.

여기서 새삼 강조해야 하는 개념이 생태계, 즉 공동체 개념이

48 민경찬, "미래 인재들을 위한 새로운 대학", 권오현·민경찬·배상훈·오대영·이광형·장상현·허준(2022), 《미래의 인재, 대학의 미래: 학생이 대학을 선택하는 시대》, 포르체, p. 233.

다. '세상을 분리된 것으로 보는 것 think the world apart'이 아니라 '세상을 하나의 전체로 보는 것 think the world together'을 지향하는 공동체다. 시대적 풍조처럼 느껴지는 개별적 성공 이데올로기에서 탈피해야 비로소 '전인 교육의 실현'을 위한 철학적 토대가 마련된다. 여기서 필자는 파크 파머가 언급했던 통합 교육의 지향하는 앎, 즉 "학생들로 하여금 단절 fragmentation 이 아닌 전일성 全一性. wholeness (혹은 총체성)을 바탕으로 행동하게 하는 앎"을 전적으로 지지한다.[49]

단절되지 않고 연결된 전일성(혹은 총체성)의 세계에서 내면의 현실과 외부의 현실은 뫼비우스 띠의 계속되는 표면처럼 서로 끊임없이 갈마들며 우리와 우리가 사는 세계를 연결한다. 내면의 탐구와 성찰이 외부적인 탐구와 관계로 연결되고 통합되는 단초를 이러한 철학적 토대에서 발견하게 된다.[50] 이것이 필자가 지향하는 대학 공동체이자 생태계다. 여기로부터 통합과 연결의 플랫폼 대학 생태계를 그려보게 되는데, 교육과 연구, 교수와 학생, 학생과 학생, 대학과 사회, 연구자와 대상, 그리고 교수와 학생과 학문 사이의 촘촘한 '관계'에 바탕을 둔 대학을 재건하는 것이다.

---

49 파커 J. 파머·아서 자이언스(2018), p. 52.
50 파커 J. 파머(2020), p. 40.

이는 새로운 것에 대한 갈망이 아니라 앞서 언급했던 대학의 본질, 즉 '제자리'로 되돌아가는 것이나 다름없다. 남명 조식曺植 (1501~1572) 선생이 "본질(혹은 근원)을 세우는 것이 무엇보다 중요한데, 학문이란 쌓지 않으면 두터워지지 않는다尤有大於立本, 學 不積則不厚"고 일갈했는데, 대학이 본질로 돌아가야 학문이 축적되어 힘을 발휘할 수 있다는 필자의 입장을 뒷받침해주는 16세기의 문장이라 생각한다.

대학의 '소확행'적 연구 풍조에 대한 비판부터 시작하여 거대한 생태계의 철학적 기초까지 이야기가 전개되었다. 다시 마지막은 작은 공동체로 회귀한다. 일종의 역설이다. 필자가 꿈꾸는 '대학'은 '작은' 담론과 '큰' 담론을 모두 존중해야 한다. 이러한 노력은 '소확행'을 추구하려는 대학의 구성원들에게는 일종의 도전이다.

어느 분야든 진정한 '혁신'은 '환대'하는 작은 공동체에서 시작한다. "그것은 든든한 재정 지원을 받는 연구실이 아니라 어느 허름한 차고에서 일어나는 혁신이다." 시작은 이러한 문제의식을 가진 이들이 작은 공동체를 만들어 자신의 참된 느낌을 말하고 창의적 생각을 나누는 것에서 말미암는다.[51] 이 역시 "교수직의 사유화"를 추구하며 자신만의 울타리와 조용한 연구실을 원하는 교수들에게는 불편한 도전일 수 있다.

필자는 수년 전부터 강의 시간에 학생들과 강의 시작과 함께 한 가지 전제조건을 제시했다. 한 학기 수업이 끝날 때까지 필자와 수강생들이 "환대와 격려의 공동체"라는 한 배를 타는 조건이다. 이를 위해 강의 첫 주는 교수자와 학생 모두의 5분 소개 시간을 마련하는데, 주제는 "My Story, My History"이다. 즉, 내가 왜 이 수업을 수강(혹은 개설)하는가를 소개한다. 이는 교수자와 수강생, 수강생 사이의 서먹한 관계를 깨뜨리고 상호 연결시키는 데 그 목적이 있다. 더 나아가 이 수업은 비판과 질정보다는 격려와 칭찬에 초점을 둔다는 시그널을 줌으로써 열띤 토론을 장려하기 위함인데, 이에 대한 학생들의 평가와 필자의 만족도는 꽤 높았다. 프랑스 철학자 폴 리쾨르가 강조했던 '상호적 취약성 mutual vulnerability' 안에서도 인생의 의미를 찾을 수 있기에, 서로의 잘남이나 성공이 아니라 서로의 못남이나 실패를 통해서 인생의 퍼즐을 맞추는 가능성을 발견하게 되는 것이다.[52]

여기서 환대 hospitality 라는 덕목의 중요성은 아무리 강조해도 지나치지 않다. 환대는 단순히 친절하게 받아주는 태도가 아니

51 파커 J. 파머·아서 자이언스(2018), p. 41~43.
52 이한영(2018), 《명자 누나》, 두란노, p. 176.

다. 의아하게 생각될지 모르겠지만, 진정한 환대는 공동체를 지탱하는 역할을 함으로써 학문의 엄정함을 유지하는 데도 도움이 된다.[53] 환대하는 대학과 강의실의 분위기 속에서는 교수자가 일방적으로 엄정한 태도를 취하는 것이 아니라 탐구 공동체에서 학생들이 자기 생각을 자유롭게 제기하게 된다. 그때 놀랍게 "참된 지적 엄정함"을 유도하는 길이 열린다.

대학의 수준은 곧 그 나라의 수준을 반영한다. 적어도 17세기 이래 세계의 선진국이나 강대국으로 불리던 나라의 흥기에는 예외 없이 학술과 지식에서의 강력한 리더들이 있었고, 이러한 지식인을 양성하는 기관이 곧 대학이었다.[54] 이런 관점에서 대한민국이 선진국에 진입했다고 자신 있게 말할 수 있을까? "교육구국敎育救國"의 정신으로 구한말에서 식민시대와 한국전쟁까지 이어지는 계속된 역경 속에서도 현재의 대한민국을 이루는 저력을 마련했지만, 그 정신만으로 선진국으로 당당히 진입할 수 있을까? 진정한 선진국이 되는 것은 세계의 사상계를 이끌어갈 거대 담론과 '지식의 위대한 뼈대great outlines of knowledge'를 생산하는 대학의 존재 여부에 달려 있다.

---

53 파커 J. 파머·아서 자이언스(2018), p. 64.
54 Kirby, William C.(2022), *Empires of Ideas: Creating the Modern University from Germany to America to China*, Belknap Press of Harvard University Press, pp. 3~6.

서두에 언급했듯 그야말로 '불확실성'의 시대임은 분명하다. 다만 대학이 길을 잃어버리고 '소확행'적 태도가 만연한다고 해서 가시적 확실함을 추구하는 데에 급급하면 오히려 더 실패한다. 여기서 대안적 용어로 '불거행', 즉 '불확실하지만 거대한 행복'을 떠올려본다. '소확행'적 역사학자가 미시사와 실증 자료를 중심으로 연구함으로써 '작지만 확실한 행복'을 추구하는 학자라면, '불거행'적 역사학자란 확실하지는 않더라도 거대 담론이나 거시적인 안목을 가지고 연구하는 것을 시도함으로써 '불확실하지만 거대한 행복'을 즐기는 학자를 말한다. 19세기 실증사학의 대두 이래 '소확행'적 역사학자가 역사를 주도했다면, 초연결의 시대로 접어든 21세기에는 '불거행'적 역사학자도 존중받아야 하지 않을까? AI 기술의 발전과 디지털 혁명은 '불거행'적 담론과 실천을 위해 복무할 수 있는 지혜로운 도구가 구비되었음을 보여주는 징표일 것이다.

말은 쉽지만 실천이 쉽지 않다. 거대한 담론이나 통합적인 해석은 시간이 오래 걸릴 뿐 아니라 동료들에게 익숙하지 않기에 각종 비판에 취약하기 vulnerable 때문이다. 가시적 결과를 1년 단위로 보여주지 않으면 제대로 평가받지 못하는 현재 한국학계의 풍토 속에서 '불거행'적 학자는 '불확실성'의 위험에 노출되기 마련이다. 여기서 미국 스탠퍼드대의 티나 실리그 Tina Seelig 교수의 고백이 내게 공명을 일으키며 우리에게 큰 격려가 된다. 그녀의 고백을 인용하며 '확실한' 행복에 도취陶醉한 '대학'을 구하고자 했던 장문의 글을 마무리한다.

불확실성은 삶의 본질이며, 그 불확실성으로 인해 오히려 더 많은 기회를 만날 수 있다. 지금도 가끔은 어느 방향으로 가야 할지 망설일 때가 있고, 앞에 놓인 수많은 선택들 앞에서 당황하기도 한다. 그러나 불확실성이야말로 혁신을 일으키는 불꽃과 같으며 우리를 앞으로 나가게 만드는 엔진이라는 사실을, 나는 잘 알고 있다. … 기억하라. 예측 가능한 길 바깥으로 내려서야만, 고정관념에 의문을 던져야만, 그리고 세상을 기회와 가능성이 무궁무진한 곳으로 바라봐야만 진정 멋진 일들이 당신에게 일어난다는 사실을 말이다![55]

---

55 티나 실리그 저, 이수경 역(2010),《스무 살에 알았더라면 좋았을 것들: 스탠포드 대 미래인생 보고서》, 엘도라도, pp. 250~251.

지은이 소개 (게재순)

염재호

고려대 법대 행정학과를 졸업하고, 미국 스탠퍼드대에서 정치학 박사학위를 받았다. 현재 태재대 총장, 고려대 명예교수, SK Inc. 이사회 의장이다. 고려대 19대 총장, 한국정책학회장, 현대일본학회장을 역임하고, 청조근정훈장(2020)을 받았다. 외교통상부 정책자문위원장, 감사원혁신위원장, 기재부 공공기관경영평가단장 등을 역임했고 최근 AI전략최고위협의회 민간위원장을 맡았다. 주요 연구 분야는 정책이론과 과학기술정책이며, 저서로《SH, 미래 서울을 논하다》(2021, 공저),《기업시민, 미래경영을 그리다》(2020, 공저),《개척하는 지성》(2018) 등이 있다.

이광형

서울대와 카이스트에서 산업공학 학사, 석사, 프랑스 리옹 국립응용과학원(INSA Lyon)에서 석사, 박사학위를 받았다. 현재 카이스트 17대 총장이다. 한국과학기술한림원과 한국공학한림원 정회원이고, 대통령 직속 국가과학기술자문위원회 위원, 대법원 대법관추천위원장, 교육부 교육정책자문위원장을 맡고 있다. 국민훈장 동백장(2016), 녹조근정훈장(2020) 등을 받았고, 주요 연구 분야는 생물정보학, 인공지능 등이며, 저서로《미래의 기원》(2024),《거꾸로 질문하고 스스로 답을 찾는 아이》(2023),《우리는 모두 각자의 별에서 빛난다》(2022) 등이 있다.

박명규

서울대 사회학과를 졸업하고, 동 대학원에서 박사학위를 받았다. 현재 서울대 명예교수이자 광주과학기술원(GIST) 초빙석학교수이다. 한국 사회사를 전공, 근현대 사회변동을 연구했고 테크놀로지의 문명사적 영향에 대해서도 깊은 관심을 쏟고 있다. 서울대 사회발전연구소장, 통일평화연구원장을 역임했고 하버드대, 버클리대, 베를린대에서 방문학자로 지냈다. 저서로《국민, 인민, 시민》(2009),《남북경계선의 사회학》(2012), 《커넥트 파워》(2019, 공저),《사회적 가치와 사회혁신》(2020, 공저) 등이 있다.

장병탁

서울대 컴퓨터공학과를 졸업하고, 동 대학원에서 석사, 독일 본대 컴퓨터과학 박사학위를 받았다. 현재 서울대 AI연구원 원장, 서울대 컴퓨터공학부 POSCO 석좌교수, 인지과학 및 뇌과학 협동과정 겸임 교수이며, MIT 인공지능연구소 및 프린스턴 뇌과학연구소, 삼성전자 종합기술원 등에서 초빙교수를 지냈다. 한국정보과학회 인공지능소사이어티 초대 회장, 서울대 인지과학연구소장, 한국인지과학회 회장, 한국뇌공학회 회장을 역임했고, 홍조근정훈장(2017)을 수상했다. 주요 연구 분야는 기계학습, 인공지능, 뇌인지과학 등이고, 저서로《그랜드 퀘스트 2024》(2024, 공저), 《이진경 장병탁 선을 넘는 인공지능》(2023, 공저),《AI가 인간에게 묻다》(2022, 공저),《장교수의 딥러닝》(2017) 등이 있다.

박섭형

서울대에서 제어계측공학 박사학위를 받았으며, 생산기술연구소와 KT 연구소 선임연구원을 거쳐 현재 한림대 소프트웨어학부 교수로 재직 중이다. 영상 압축, 압축영상의 후처리, VoiceXML, 시각 어텐션 모델, 신호 및 영상처리 분야에서의 딥러닝 응용 등을 연구해 온 공학자이며 현재 한림대 대학원장과 연구처장을 겸임하며 생성형 AI를 결합한 고등교육 플랫폼 개발에 참여하고 있다. 저서로《음성 웹 애플리케이션 구축을 위한 VoiceXML》(2001) 등이 있다.

조영헌

서울대 동양사학과를 졸업하고 중국사회과학원 역사연구소의 방문학자와 하버드–엔칭연구소의 방문연구원을 거쳐, 서울대에서 문학(동양사) 박사학위를 취득했다. 현재 고려대 역사교육과 교수이다. 주요 연구 분야는 중국의 대운하 유통망과 상인의 흥망성쇠이고 전인격적 교육과 통합된 역사학 수립에 관심이 많다. 저서로《대운하 시대 1415~1784, 중국은 왜 해양 진출을 '주저'했는가》(2021),《대운하와 중국 상인》(2011) 등이 있다.

개척하는 지성

21세기 뉴 노멀 사회의 도전

염재호(태재대 총장) 지음

**뉴 노멀 사회의 주인공이 될 젊은이여,
미래를 개척하는 지성이 되라!**

오랫동안 미래사회에 대해 연구하고
가르친 염재호 태재대 총장이
젊은이들에게 21세기를 살아가는
지혜를 전한다. 스스로 인생을 설계하고
도전할 젊은이라면 미래를 개척하는
여정에 반드시 지참해야 할 나침반 같은
책이다.

20대에 전공지식을 습득해 직장에 취업하면 평생 안정적인 삶을 보장받던 "고용
의 시대"는 끝났다. 젊은이들이 살아갈 21세기는 기성세대가 경험한 20세기 산
업사회의 패러다임이 통하지 않는 뉴 노멀 사회가 될 것이다. 그렇다면 지금 우리
는 무엇을 준비해야 할까?《개척하는 지성》은 인류문명사에서 기술발전이 일으
킨 거대한 전환의 역사, 인공지능·네트워크·의료기술 진보가 불러올 전 세계적
변화, 21세기에 필요한 새로운 지성의 특징까지 폭넓게 담았다.

신국판 | 335쪽 | 값 18,500원

나남
nanam   www.nanam.net | 031-955-4601

21세기 한국 지성의 몰락

미네르바 부엉이는 날지 않는다

송호근(한림대 도헌학술원 원장)

21세기 한국, 지성인은 어디로 사라졌는가?
실종된 지식인들을 찾는 탐사기

날카로운 사회 분석과 칼럼으로
한국 지성을 대표하는 송호근 교수가
세계 지성사의 흐름과 한국 지식인
사회를 성찰하고 지식인이 앞으로
나아갈 길을 모색했다. 사회학자이자
교수로서 누구보다 넓은 시야로
19세기부터 21세기까지 세계 지성사와
문명사의 큰 흐름을 읽어냈다.

21세기 첨단과학의 시대가 열리며 새로운 시대를 이끌어갈 지식인이 절실하지
만, 한국 지식인 사회는 쇠락의 길을 걷고 있다. 인문사회과학의 위상이 추락했
고, 지식인들은 공론장을 떠났기 때문이다. 한국 지식인들이 이러한 어려움을
딛고 다시 살아날 길은 없는가? 저자는 지식인들이 국민이 갈등과 대립에서 벗
어나 서로 화합하고 21세기의 시대적 과제를 수행할 수 있도록 새로운 길을 만
드는 데 앞장서야 한다고 역설한다. 송호근 원장의 통찰이 빛나는 이 책은 21세
기 지성을 꿈꾸는 모든 이들에게 귀중한 이정표가 될 것이다.

신국판 | 372면 | 24,000원

나남
nanam www.nanam.net | 031-955-4601